Die Deutsche Bibliothek – CIP-Einheitsaufnahme

**Deparade, Carola:**
Ich bin Diabetikerin – und freue mich auf mein Kind :
Schwangerschaft und Familienplanung der Diabetikerin heute / von
Carola Deparade. [Unter Mitarb. des gesamten Teams der Abteilung
Stoffwechsel und Ernährung der Heinrich-Heine-Universität
Düsseldorf, WHO-Zentrum für Diabetes: M. Berger ...]. – 4. Aufl. –
Mainz : Kirchheim, 1998
ISBN 3-87409-269-0

Unter Mitarbeit des gesamten „Teams“ der Abteilung Stoffwechsel und Ernährung der Heinrich Heine Universität Düsseldorf, WHO-Zentrum für Diabetes:
M. Berger, E. A. Chantelau, U. Didjurgeit, E. Garbrecht, G. Gösseringer, M. Grüßer, U. Gudat, I. Hansen, L. Heinemann, D. Hemmann, A. Hohmann, V. Jörgens, D. Kraut, P. Kronsbein, A. Maiwald, I. Mühlhauser, C. Reetz, B. Richter, D. Ross, P. T. Sawicki, M. Schmid, V. Scholz, H. Schubert, B. Senger, M. Spraul, A. A. R. Starke, I. Stein, A. Venhaus, M. Weimer, G. Weske.

Für die Beratung danken wir:
Prof. Dr. K. Fuhrmann, Düsseldorf
Priv.-Doz. Dr. T. Somville, Universitätsfrauenklinik, Düsseldorf
Dr. K. H. Kurz, Gynäkologe, Düsseldorf

Illustration: Dorothee Wolters, Köln

4. Auflage 1998

KIRCHHEIM

# ICH BIN DIABETIKERIN – UND FREUE MICH AUF MEIN KIND

## SCHWANGERSCHAFT UND FAMILIENPLANUNG DER DIABETIKERIN HEUTE

Carola Deparade

Verlag Kirchheim, Mainz

# Inhalt

Seite

**1. Allgemeines** **8 – 10**

**2. Ich möchte ein Kind!** **11 – 25**

- Kann ich als Diabetikerin überhaupt schwanger werden?
- Entwickelt mein Kind auch einen Diabetes mellitus?
- Welche Untersuchungen sollte ich vor der Schwangerschaft durchführen lassen?
- Warum sollte der Blutzucker schon bei der Empfängnis gut eingestellt sein?
- Kann eine Schwangerschaft eine Gefahr für eine Diabetikerin und ihr Kind sein?
- Welche Risiken bestehen für die Schwangerschaft einer Diabetikerin mit Folgeschäden?
- Wann sollte eine Diabetikerin auf eine Schwangerschaft verzichten?

**3. Ich bin schwanger!** **26 – 46**

- Mein Blutzucker ist nicht gut eingestellt – was tun?
- Wie hoch sollte der Blutzucker in der Schwangerschaft sein?
- Wie erreiche ich diese gute Blutzuckereinstellung?
  Beispiel 1: der hohe Nüchtern-Blutzucker
  Beispiel 2: der hohe Blutzucker nach dem Frühstück
  Beispiel 3: das späte Abendessen
  Beispiel 4: der hohe Blutzucker vor dem Schlafengehen
- Insulinpumpe oder intensivierte Insulintherapie mit Spritzen?
- Ist das neue Insulin Humalog® für mich geeignet?
- Unterzuckerungen – sind sie für mein Kind gefährlich?
- Gewichtszunahme während der Schwangerschaft
- Was muß ich bei der Ernährung beachten?

**4. Ihr Insulinbedarf ändert sich während der Schwangerschaft** **47 – 55**

- Die Insulinempfindlichkeit wird durch Schwangerschaftshormone abgeschwächt
- Was tun bei Schwangerschaftsübelkeit und -erbrechen? Therapie mit wehenhemmenden Medikamenten/Cortison
- Wie ändert sich Ihr Insulinbedarf während und nach der Geburt

**5. Organisatorischer Ablauf und Überwachung der Schwangerschaft einer Diabetikerin** **56 – 64**

- Betreuung durch den Diabetesarzt/die Diabetesärztin
- Betreuung durch den Frauenarzt/die Frauenärztin
- Betreuung durch den Augenarzt/die Augenärztin
- Betreuung durch den Kinderarzt/die Kinderärztin
- Zeitplan

**6. Empfängnisverhütung** **65 – 76**

**7. Weitere immer wiederkehrende Fragen** **79 – 82**

- Muß ein Harnwegsinfekt behandelt werden?
- Wann Harnzucker, wann Aceton im Urin messen?
- Bin ich eine Schwangerschaftsdiabetikerin?
- Was bedeuten geschwollene Füße?
- Sollte ich eine Fruchtwasserpunktion durchführen lassen?
- Die Geburt – sanft, alternativ, apparativ?
- Schmerzstillung bei der Geburt – ja oder nein?

Liebe Leserin, lieber Leser!

Dieses Buch wendet sich an Sie als Diabetikerin bzw. als Partner einer Diabetikerin, die schwanger werden möchte oder es bereits ist; es weist Sie und Ihre Angehörigen auf die **Besonderheiten** der Schwangerschaft bei Diabetikerinnen hin. Informationen über den „normalen" Ablauf einer Schwangerschaft ohne Diabetes, die Veränderungen bei Mutter und Kind, die Geburt und die Phase danach erhalten Sie aus entsprechenden Broschüren und von Ihrem Frauenarzt/Ihrer Frauenärztin.

Die grundsätzlichen Regeln der Insulintherapie setzten wir bei der Leserin dieses Buches voraus. Einzelheiten darüber werden in „Mein Buch über den Diabetes mellitus", Ausgabe für Diabetiker die Insulin spritzen, von V. Jörgens und M. Berger, Kirchheim Verlag, Mainz, erläutert.

**Wenn man ein Kind haben möchte, ist eine Schwangerschaft trotz Diabetes mellitus ein freudiges Ereignis.** Es erfordert allerdings von der Diabetikerin große Aufmerksamkeit und die Anteilnahme ihrer Umgebung. Leider gibt es nicht nur positive Aspekte; vor allem die Schwangerschaft einer Diabetikerin mit Folgeschäden kann komplikationsreich verlaufen. Die Risiken der Schwangerschaft einer Diabetikerin dürfen und wollen wir Ihnen nicht vorenthalten; die Möglichkeiten, diese Risiken zu verringern, werden ausführlich besprochen.

Dieses Buch kann und soll das Gespräch mit Ihrem Frauenarzt/-ärztin und Diabetesarzt/-ärztin nicht ersetzen. Es ist zum Nachschlagen zu Hause in aller Ruhe und auch zur Information für Angehörige und Freunde gedacht.

Für Kritik und Anregungen zu einer besseren Gestaltung oder für Ergänzungsvorschläge aufgrund Ihrer eigenen Erfahrungen wären wir Ihnen dankbar

Carola Deparade Düsseldorf, März 1989

## Vorwort zur 4. vollständig neu überarbeiteten Auflage

Liebe Leserin, lieber Leser!

Wiederum ist eine neue Auflage dieses Buches erforderlich. Diese Gelegenheit habe ich benutzt, um den Inhalt zu überarbeiten und zu aktualisieren. In den letzten Jahren haben sich viele neue Aspekte und Entwicklungen gezeigt, die ich Ihnen nicht vorenthalten möchte.

Die von der Diabetikerin anzustrebenden Blutzuckerwerte, vor allem in der zweiten Hälfte der Schwangerschaft, setzt man heute noch etwas niedriger an. Spezialisierte Zentren können zeigen, daß sich dadurch und auch durch bessere Untersuchungsmöglichkeiten die Komplikationsraten immer mehr denen von Nicht-Diabetikerinnen nähern

Die Empfehlungen der Arbeitsgemeinschaft Diabetes und Schwangerschaft der Deutschen Diabetes Gesellschaft bezüglich der Betreuung der diabetischen Schwangeren, des Neugeborenen einer Diabetikerin sowie zur Empfängnisverhütung habe ich im Text mitberücksichtigt.

Einen kurzen Abschnitt über das neue künstliche Insulin Humalog®, das zur Zeit in aller Munde ist, habe ich zu Ihrer Information speziell unter dem Aspekt einer Schwangerschaft eingefügt.

Die konkreten Beispiele wurden präzisiert und erweitert. Völlig gestrichen habe ich das Kapitel über den Gestationsdiabetes. Ein Ratgeber, speziell für die Frauen, die in der Schwangerschaft einen Diabetes entwickeln, wird separat erscheinen.

Ich hoffe, daß dieser aktualisierte Ratgeber auch bei Ihnen mit dazu beitragen kann, die Zeit der Schwangerschaft möglichst sorglos erleben zu können und sich auf Ihren Nachwuchs zu freuen!

Carola Deparade — St. Didier, 1998

# 1. Allgemeines

Eine Schwangerschaft bei einer Diabetikerin war **vor der Entdeckung des Insulins** etwas extrem Seltenes. Viele jugendliche Diabetikerinnen starben, bevor sie im gebärfähigen Alter waren; bei denen, die älter wurden, trat nur in Ausnahmefällen eine Schwangerschaft ein. Wurde eine Diabetikerin dann doch schwanger, so war dies für sie und ihr Kind außerordentlich gefährlich: die Sterblichkeit der Mütter lag bei ca. 50 %, die Sterblichkeit der (ungeborenen) Kinder bei 60 bis 100 % (vor 1922 überlebte kein Kind einer diabetischen Schwangeren).

**Nach Entdeckung des Insulins** und seiner erstmaligen Anwendung 1922 sank die Müttersterblichkeit deutlich ab, aber noch immer wurde die Hälfte der schwangeren Diabetikerinnen von toten Kindern entbunden bzw. die Kinder starben in den ersten Stunden nach der Geburt.

Lange wußte man nicht, warum Diabetikerinnen scheinbar unfruchtbar waren und warum im Falle einer Schwangerschaft so viele Komplikationen auftraten.

Erst in den 70er Jahren wurde bekannt, daß ein über lange Zeit bestehender hoher Blutzucker Veränderungen im Hormonhaushalt verursacht und dadurch einen Eisprung – eine wichtige Voraussetzung für das Eintreten einer Schwangerschaft – verhindern kann.

***Hoher Blutzucker bedeutete für viele Diabetikerinnen, kinderlos zu bleiben***

Daß ein zu hoher Blutzucker während der Schwangerschaft für die Komplikationen verantwortlich ist, die bei schwangeren Diabetikerinnen und deren ungeborenen Kindern auftreten können, weiß man mit Sicherheit erst seit ca. 10 bis 15 Jahren.

Entsprechend hat sich die Betreuung der schwangeren Diabetikerin in den letzten Jahren grundlegend geändert: mit Unterstützung ihres Diabetesarztes/ihrer Diabetesärztin versucht sie, **während der gesamten Schwangerschaft eine sehr gute Blutzuckereinstellung** zu erreichen.

Wird dieses Ziel verwirklicht, sind die Risiken für Mutter und Kind deutlich geringer. Die Sterblichkeitsrate für das Kind liegt heute bei nur 2 – 4 %, in spezialisierten Zentren sogar unter 2 %.

Diese Rate sowie auch die übrigen Komplikationen für Mutter und Kind werden sich wahrscheinlich noch weiter senken lassen, wenn von Anfang der Schwangerschaft an, das heißt auch schon **vor der Empfängnis,** eine sehr gute Blutzuckereinstellung erreicht wird.

Neben der guten Blutzuckereinstellung hat sich die **regelmäßige Überwachung** der Schwangeren (unter anderem durch neue technische Geräte zur Beurteilung des Zustandes des ungeborenen Kindes) zur frühzeitigen Erkennung und Behandlung bzw. Verhinderung von Komplikationen bewährt.

***Gute Blutzuckerwerte reduzieren die Risiken für Mutter und Kind***

Trotz aller Fortschritte wird die Schwangerschaft einer Diabetikerin auch heute noch grundsätzlich als **Risikoschwangerschaft** angesehen (Risikoschwangerschaft bedeutet, daß ohne besondere zusätzliche Betreuung die Komplikationen erhöht sind).

## 2. Ich möchte ein Kind!

### – Kann ich als Diabetikerin überhaupt schwanger werden?

Ja – sofern keine krankhaften Veränderungen der Geschlechtsorgane oder Geschlechtshormone bestehen; diese Einschränkung gilt auch für Frauen ohne Diabetes.

Durch Insulinmangel bei schlecht eingestelltem Diabetes kann die Bildung der weiblichen Geschlechtshormone beeinflußt werden. Besteht über längere Zeit ein Insulinmangel, wird der Gehalt an Geschlechtshormonen im Blut so gering, daß es nicht zum Eisprung kommt. Sie bemerken dann, daß Ihre Monatsblutungen seltener und in unregelmäßigen Abständen auftreten oder sogar ganz ausbleiben. Sie können dann nicht schwanger werden.

Bei **guter Blutzuckereinstellung** sind die Konzentrationen der Geschlechtshormone im Blut der Diabetikerin normal, der Eisprung tritt – wie normalerweise auch – 13 bis 14 Tage nach der letzten Monatsblutung ein, und eine Schwangerschaft ist prinzipiell möglich.

***Sind Ihre Blutzuckerwerte gut und werden Sie trotzdem nicht schwanger, so beraten Sie sich mit Ihrem Frauenarzt/Ihrer Frauenärztin (es liegt dann wahrscheinlich nicht am Diabetes!).***

## – Entwickelt mein Kind auch einen Diabetes mellitus?

Viele Diabetikerinnen scheuen vor einer Schwangerschaft zurück, weil sie befürchten, daß ihr Kind eines Tages auch zuckerkrank wird. Tatsache ist jedoch, daß wahrscheinlich nur **2 – 5 von 100** Kindern diabetischer Mütter einen jugendlichen Diabetes (Typ-1-Diabetes) in ihrem Leben entwickeln. (In der Gesamtbevölkerung beträgt dieser Anteil **2 – 5 von 1000.**)

Das Risiko gilt für die 1. Schwangerschaft genauso wie für weitere Schwangerschaften; es ist jedoch höher, wenn Sie bereits Kinder mit einem Diabetes mellitus haben. Die Erkrankungsrate ist genauso hoch oder möglicherweise ein wenig höher, wenn **der Vater des Kindes zuckerkrank** und die Mutter gesund ist (5 – 7 %); sie ist aber deutlich höher, wenn Vater **und** Mutter beide zuckerkrank sind. Dann liegt das Risiko, daß die Kinder einen Diabetes entwickeln werden, bei 20 – 30 von 100.

Sind Verwandte ersten Grades (zum Beispiel Schwester, Vater) der diabetischen Mutter am Diabetes erkrankt, so ist die Wahrscheinlichkeit, daß die Kinder auch erkranken werden, erhöht und liegt bei ca. 10 von 100.

Am höchsten ist das Risiko für einen eineiigen Zwilling, wenn sein Zwillingsgeschwister einen Diabetes mellitus Typ 1 entwickelt hat. Die Wahrscheinlichkeit liegt dann bei 60 – 70 %.

Sind die Mutter und weitere Familienmitglieder an einem **Altersdiabetes** (Typ-2-Diabetes) erkrankt, so hat das keinerlei Einfluß auf die Entwicklung eines jugendlichen Diabetes bei einem Kind. Die Wahrscheinlichkeit, daß das Kind auch einen Altersdiabetes entwickelt, ist jedoch erhöht. Vor allem, wenn es später übergewichtig ist, ist das Risiko hoch und liegt bei ca. 30 von 100.

## – Welche Untersuchungen sollte ich vor der Schwangerschaft durchführen lassen?

Da der Blutzucker schon bei der Empfängnis gut eingestellt sein sollte (siehe unten), ist die Kontrolle des **$HbA_{1c}$-Wertes**, des Wertes, der die durchschnittliche Blutzuckereinstellung innerhalb der letzten Wochen angibt, notwendig. Erst wenn dieser Wert im Normbereich liegt, sollten Sie schwanger werden.

Ihren **Augenhintergrund** sollten Sie vor der Schwangerschaft untersuchen lassen. Liegen Veränderungen vor, die eine Laserkoagulation (Verödung von blutungsgefährdeten Stellen mittels Laserstrahlen) notwendig machen, so sollte diese Behandlung möglichst noch vor Beginn der Schwangerschaft erfolgen. Eine Laserung ist jedoch auch während der Schwangerschaft noch möglich.

Die **Nierenwerte** (zum Beispiel Kreatinin, Eiweiß, Albumin im Urin) und der **Blutdruck** sind ebenfalls vorher zu kontrollieren. Ein erhöhter Blutdruck sollte vor der Schwangerschaft normalisiert werden.

**Also:** **Vor** der Schwangerschaft:

- normales $HbA_{1c}$
- normaler Blutdruck, Untersuchung der Nierenfunktion
- Augenhintergrunduntersuchung

***Weitere spezielle Untersuchungen vor der Schwangerschaft sind nicht nötig.***

## – Warum sollte der Blutzucker schon bei der Empfängnis gut eingestellt sein?

In den ersten Wochen der Schwangerschaft kann das Kind noch kein Insulin bilden. Sowohl die Bauchspeicheldrüse als auch die anderen kindlichen Organe beginnen erst, sich zu entwickeln. Der Zucker im Blut der Mutter geht ungehindert in den Kreislauf des Kindes über. Sind die Blutzuckerwerte der Mutter in dieser Zeit zu hoch – und damit auch die des Kindes –, so ist das Risiko einer Fehlbildung des Kindes (zum Beispiel am Herzen, an den Knochen oder den Nieren) sowie einer Fehlgeburt in den ersten Wochen der Schwangerschaft erhöht. Aus diesem Grund ist es wichtig, möglichst schon zum Zeitpunkt der Empfängnis und in den ersten Wochen der Schwangerschaft den Blutzucker auf mittlere Werte unter 140 mg/dl einzustellen.

Untersuchungen aus den letzten Jahren haben gezeigt, daß bei diabetischen Müttern, deren Blutzuckereinstellung bereits zu Beginn der Schwangerschaft normal war, die Häufigkeit von fehlgebildeten Kindern genauso gering ist wie bei nichtdiabetischen Müttern (1 bis 2 von 100). Liegt der mittlere Blutzucker in den ersten Wochen der Schwangerschaft jedoch weit über dem Normbereich, kann diese Häufigkeit bei 4 – 15 von 100 liegen.

Wahrscheinlich können auch die anderen möglichen Komplikationen der Schwangerschaft einer Diabetikerin (siehe unten) durch eine gerade in den ersten Wochen der Schwangerschaft gute Blutzuckereinstellung verringert werden.

***Voraussetzung für eine gute Blutzuckereinstellung schon bei der Empfängnis ist eine genaue Planung der Schwangerschaft und damit auch eine geeignete Methode der Empfängnisverhütung (siehe Kapitel 6).***

## – Kann eine Schwangerschaft eine Gefahr für eine Diabetikerin und ihr Kind sein?

Die Schwangerschaft einer Diabetikerin ist – wie anfangs erwähnt – auch heute noch eine Risikoschwangerschaft, weil Komplikationen häufiger als bei einer Schwangerschaft einer stoffwechselgesunden Frau auftreten. Bei guten Blutzuckerwerten während der Schwangerschaft sind diese Komplikationen deutlich seltener.

Durch folgende Komplikationen ist eine schwangere Diabetikerin – vor allem bei schlechter Blutzuckereinstellung – gefährdet:

**Die Neigung zu Fehlgeburten** vor allem im ersten Drittel der Schwangerschaft ist bei schlecht eingestellten Diabetikerinnen deutlich höher als bei nichtdiabetischen Schwangeren. Allerdings kommt es auch bei gesunden Schwangeren (bei ca. 10 von 100 Frauen) zu einer Fehlgeburt. Meistens sind diese Fehlgeburten durch schwere Fehlbildungen des Kindes bedingt.

Weiterhin neigen Diabetikerinnen mit einer sehr schlechten Blutzuckereinstellung und Diabetikerinnen mit fortgeschrittenen Folgeschäden zu Harnwegsinfektionen, die unbehandelt zu **Nierenbeckenentzündungen** mit hohem Fieber führen können.

Eine schlechte Blutzuckereinstellung und bereits bestehende Folgeschäden können die Entwicklung eines **Schwangerschaftshochdrucks** (früher auch Schwangerschaftsvergiftung bzw. Gestose genannt) begünstigen. Darunter versteht man einen Anstieg des Blutdrucks mit vermehrter Ausscheidung von Eiweiß im Urin und übermäßigen Wasseransammlungen in den Geweben. Im Extremfall kann es zu einer Verschlechterung des Allgemeinbefindens mit Bewußtseinstrübung bis zum Auftreten von Krampfanfällen kommen. Da diese Situation für die Schwangere lebensgefährlich werden kann, ist in schweren Fällen eine frühzeitige Beendigung der Schwangerschaft zum Beispiel mit einer Kaiserschnittentbindung notwendig.

Vor allem bei zu hohen Blutzuckerwerten kann es zu einer **vermehrten Bildung von Fruchtwasser,** verbunden mit vorzeitiger Wehentätigkeit, kommen.

Eine **frühzeitige Entbindung** (vor der 37. Schwangerschaftswoche) und eine **Entbindung durch Kaiserschnitt** sind, vor allem bei schon bestehenden Folgekomplikationen und nicht befriedigender Stoffwechseleinstellung, häufiger erforderlich.

Risiken für die diabetische Mutter, die sich durch eine gute Blutzuckereinstellung verringern lassen:

## – Mögliche Komplikationen für das Kind der Diabetikerin

Seit 1952 weiß man, daß der Zucker – aber nicht das Insulin – aus dem Blut der Schwangeren in den Kreislauf des Kindes übertritt. **Erhöhter Blutzucker** bei **der** diabetischen **Mutter** erhöht also auch den Blutzucker des Kindes. Wenn die Bauchspeicheldrüse des Kindes normal arbeitet (ca. ab der 20. bis 26. Schwangerschaftswoche), bildet sie mehr Insulin, um den Blutzucker zu normalisieren. Dadurch ist der Insulinspiegel im Blut des Kindes dann höher als normalerweise.

Insulin hat außer der Blutzuckersenkung noch eine Menge anderer Eigenschaften, insbesondere wandelt es den überschüssigen Zucker in Fettspeicher um und beschleunigt so das Wachstum. Das Kind wird größer und dicker **(Makrosomie),** als es für sein Alter sein sollte. (Genauso wie wir durch zu vieles Essen dick werden, wird auch das sich entwickelnde Kind durch zuviel Zucker im Blut zu dick.) Bei der Geburt kann es dann zu Komplikationen wegen der Größe des Kindes kommen. Ist es zu groß, kann es nicht auf natürlichem Weg geboren werden, sondern muß durch Kaiserschnitt entbunden werden.

Bei hohen Blutzuckerwerten der Mutter und daraufhin hohen Insulinspiegeln beim Kind und vor allem wenn das Kind zu früh geboren wird, kann die **Lungenunreife** so ausgeprägt sein, daß das Kind nach der Geburt zeitweise maschinell beatmet werden muß. Bei **Leberunreife** tritt vorübergehend eine Gelbsucht auf.

***Der Zucker im Blut der Mutter gelangt in den Kreislauf des Kindes, das Insulin jedoch nicht.***

***Noch einmal: die meisten dieser Komplikationen treten bei sehr guter Diabeteseinstellung nur selten auf.***

War der Blutzucker der Schwangeren auch kurz vor der Geburt noch erhöht, so produziert das Kind während und nach der Geburt weiter vermehrt Insulin. Nach der Nabelschnurdurchtrennung fehlt der Zustrom von Zucker von der Mutter, und das Kind **unterzuckert** vorübergehend infolge seines hohen Insulinspiegels.

Aus nicht ganz geklärten Gründen – wahrscheinlich wegen einer ungenügenden Funktion des Mutterkuchens (= Plazenta) – kann es bei sehr schlecht eingestelltem Blutzucker der Diabetikerinnen zum Tod des Kindes in der Gebärmutter, vor allem ab der 32. Schwangerschaftswoche, kommen. Seit die schwangeren Diabetikerinnen auf eine gute Blutzuckereinstellung achten und sich auch regelmäßig untersuchen lassen, ist diese furchtbare Komplikation heute deutlich seltener als früher.

***Wenn bei Ihnen keine Folgekomplikationen bestehen, lesen Sie auf Seite 24 weiter!***

### – Welche Risiken bestehen für die Schwangerschaft einer Diabetikerin mit Folgeschäden?

Das Risiko für Komplikationen bei Mutter und Kind bei bereits bestehenden diabetischen Folgekomplikationen der Mutter ist deutlich größer als bei Diabetikerinnen ohne Folgeschäden.

Früher, als die Diabeteseinstellung noch nicht so gut möglich war wie heute, kam es – wie bereits erwähnt – bei Diabetikerinnen ab der 32. Schwangerschaftswoche häufig zum Tod des Kindes in der Gebärmutter. 1948 entwickelte die amerikanische Diabetesärztin **Priscilla White** ein Schema, nach dem man die Diabetikerinnen entsprechend ihrer Diabetesdauer, dem Alter, in dem ihr Diabetes bekannt wurde, sowie den schon vorhandenen Folgeschäden in Gruppen einteilte. Für jede Gruppe wurde die Schwangerschaftswoche festgelegt, in der – zur Vermeidung einer Totgeburt – die Entbindung vorsorglich eingeleitet werden sollte. Zum Beispiel sollten alle schwangeren Diabetikerinnen der Gruppe F (mit einem hohen Risiko – Schema siehe unten) in der 32. Schwangerschaftswoche entbunden werden, die der Gruppe B konnten bis zur 38. Schwangerschaftswoche warten. Das Schema ist zur Bestimmung der Woche der Entbindung heute nicht mehr gültig, es wird aber noch zur Prognose der Risiken einer Schwangerschaft verwendet.

***Bei schwangeren Diabetikerinnen mit Folgeschäden treten häufiger Komplikationen auf.***

**White-Schema** (modifiziert):

Klassen

| | |
|---|---|
| A | Schwangerschaftsdiabetes |
| B | Diabetesdauer weniger als 10 Jahre **oder** Manifestationsalter 20 Jahre oder älter |
| C | Diabetesdauer zwischen 10 und 20 Jahren **oder** Manifestationsalter 10. bis 20. Lebensjahr |
| D | Diabetesdauer mehr als 20 Jahre **oder** Manifestationsalter 10 Jahre oder jünger **oder** beginnende Augenhintergrundveränderungen |
| F | Nierenschädigung/Bluthochdruck |
| H | Erkrankung der Herzkranzgefäße |
| R | schwere Augenhintergrundveränderungen mit Gefäßneubildung oder Glaskörperblutung |
| T | bereits transplantierte Niere |

Diabetikerinnen, die zu den Klassen A bis D gehören, haben im allgemeinen keine schwerwiegenden Komplikationen während der Schwangerschaft zu erwarten, wenn ihr Stoffwechsel gut eingestellt ist und regelmäßige Kontrollen erfolgen.

Bei Diabetikerinnen der **Klassen F bis T** liegen bereits schwerwiegende Gefäßschäden vor, von denen auch oft der Mutterkuchen (= Plazenta) betroffen wird.

Im Mutterkuchen findet der Austausch von wichtigen Bestandteilen des mütterlichen und kindlichen Blutes statt. Wenn aber die Durchblutung dieses Organs schlecht ist, erhält das Kind von der Mutter weniger von den lebensnotwendigen Stoffen. Auch die Abgabe von Ausscheidungsprodukten des Kindes an die Mutter ist verringert. Wegen dieser ungenügenden Funktion des Mutterkuchens können sich

***In der Schwangerschaft einer Diabetikerin mit Folgeschäden ist nicht nur die Gesundheit des Kindes, sondern vor allem die der Schwangeren gefährdet.***

ernsthafte Schäden bei dem Kind entwickeln, häufig kommt es zu früh, zu klein und unreif auf die Welt.

Aber nicht nur das Kind ist gefährdet, sondern vor allem die Mutter. Es gibt Hinweise dafür, daß die bereits bestehenden Folgeschäden sich während der Schwangerschaft schneller verschlechtern, als wenn die Diabetikerin nicht schwanger geworden wäre.

Folgende Gesichtspunkte sind bei den einzelnen Folgeschäden zu bedenken:

a) **Augenhintergrundveränderungen (Retinopathie)**

– Bestehen bei der Diabetikerin Gefäßveränderungen am Augenhintergrund (Retinopathie), so können diese Veränderungen während der Schwangerschaft zunehmen.

– Bestehen vor der Schwangerschaft **geringe Gefäßveränderungen**, so kommt es nur selten zu einer raschen Zunahme der diabetischen Veränderungen am Augenhintergrund während der Schwangerschaft. Treten zusätzliche Durchblutungsstörungen an der Netzhaut auf, so beobachtet man häufig nach der Entbindung wieder eine Rückbildung dieser Veränderungen. Monatliche bis 3monatliche Kontrollen des Augenhintergrundes sind während der Schwangerschaft ratsam, um schwerwiegende Verschlechterungen rechtzeitig zu erkennen und dann eventuell mit Laserkoagulation behandeln und stoppen zu können.

– Sind vor der Schwangerschaft **ausgeprägte Gefäßveränderungen** an der Netzhaut sichtbar (zum Beispiel Blutungen, Exsudate), so kann es in der Schwangerschaft zu Gefäßneubildungen (proliferative Retinopathie) am Augenhintergrund kommen. Diese Veränderungen können zur Einschränkung der Sehkraft des Auges führen. Eine sofortige Laserbehandlung und engmaschige Kontrollen sind unbedingt erforderlich. Eine bedrohliche Zunahme der Retinopathie war früher eine Indikation zum Schwangerschaftsabbruch; heute kommt es auf Grund der verbesserten Behandlungsmöglichkeiten nur noch selten dazu, daß ein solcher Schritt in Erwägung gezogen werden muß.

– Ist schon vor Beginn der Schwangerschaft bekannt, daß **schwere Gefäßveränderungen mit Gefäßneubildungen** am Augenhintergrund bestehen, so kann es auch in diesem Fall während der Schwangerschaft zu einer weiteren Verschlechterung und schlimmstenfalls zur Erblindung kommen. Möchte die Diabetikerin in Kenntnis dieser Gefahren für sich und ihr Kind dennoch schwanger werden, sollte sie unbedingt vor der Empfängnis eine ausreichende Laserbehandlung durchführen lassen und warten, bis sich die Gefäßveränderungen stabilisiert haben. Unter dieser Voraussetzung bestehen gute Chancen, daß während der Schwangerschaft keine weiteren Gefäßveränderungen an der Netzhaut auftreten.

b) **Nierenschäden** (Nephropathie)

– Bestehen bei der Diabetikerin bereits Nierenschäden, zum Beispiel mit erhöhtem Eiweiß/Albumingehalt im Urin, herabgesetzter Nierenfunktion und/oder Bluthochdruck, so ist eine aufmerksame, regelmäßige Kontrolle dieser Werte und entsprechende Therapie während der gesamten Schwangerschaft unbedingt erforderlich.

– In den meisten Fällen nimmt eine bereits vor der Schwangerschaft bestehende vermehrte **Eiweiß/Albuminausscheidung** im Urin in der Schwangerschaft zu. Stellen sich Wasseransammlungen im Gesicht, an Händen und Füßen ein, wird in einigen Kliniken den Schwangeren Eiweißgranulat der Nahrung beigemischt oder als Infusionslösung direkt in die Vene gegeben. Umstritten ist der Nutzen dieser vermehrten Eiweißzufuhr. Der Blutdruck muß bei diesen Diabetikerinnen regelmäßig kontrolliert werden, weil die Gefahr der Entwicklung eines Bluthochdrucks – vor allem in der zweiten Hälfte der Schwangerschaft – besteht.

– War der **Blutdruck** bereits **vor** der Schwangerschaft **erhöht**, so hat die Diabetikerin sicherlich schon gelernt, ihren Blutdruck selbst zu messen und auf erhöhte Werte zu reagieren. Bei der Selbstmessung muß sie nun aber beachten, daß in der Schwangerschaft der 2. Wert (diastolischer Blutdruck) dann auf der Skala abzulesen ist, wenn die Geräusche leiser werden und nicht wie sonst üblich, wenn sie gar nicht mehr zu hören sind.

Bei der Schwangeren mit Bluthochdruck besteht vor allem im letzten Drittel der Schwangerschaft die Gefahr der Entwicklung von erhöhten Blutdruckwerten trotz Therapie (Gestose). Sie sollte daher regelmäßig mindestens 4mal täglich den Blutdruck kontrollieren. Wird der steigende Blutdruck rechtzeitig erkannt und behandelt, kann diese Komplikation in den meisten Fällen vermieden werden.

## Wie wird der Bluthochdruck behandelt?

Der Blutdruck ist erhöht, wenn auch bei mehrmaliger Messung der obere Wert über 140 mmHg (systolischer Blutdruck) und/ oder der untere Wert über 90 mmHg (diastolischer Blutdruck)

> ***Wasseransammlungen im Gewebe ohne vermehrte Eiweißausscheidung im Urin und ohne erhöhten Blutdruck sind harmlos!***

liegen. Die Schwangere muß sich dann körperlich schonen; es ist möglich, daß sie wochenlang nicht berufstätig sein kann. Durch die in der Schwangerschaftsgymnastik erlernbaren Entspannungsübungen kann der Blutdruck zusätzlich günstig beeinflußt werden.

Läßt sich der Blutdruck trotz dieser Maßnahmen nicht ausreichend senken, muß die Diabetikerin mit Hilfe von blutdrucksenkenden Medikamenten behandelt werden. Man kennt heute Medikamente, die diese Wirkung haben und dem Kind mit großer Sicherheit nicht schaden. Dazu zählen zum Beispiel das Atenolol (Tenormin®), das Hydralazin (Nepresol®) und das a-Methyldopa (Presinol®).

***Die Senkung des Blutdrucks in den Normbereich verringert mögliche Komplikationen.***

Hat eine Diabetikerin eine neue Niere erhalten **(Nierentransplantation)**, weil ihre eigenen nicht mehr funktionierten, kann es zu denselben (Blutdruck-)Komplikationen wie eben beschrieben kommen. Zusätzlich besteht für das Kind eine erhöhte Erkrankungsrate durch die Medikamente, die die Mutter nach einer Nierentransplantation nehmen muß.

In der letzten Zeit häufen sich Berichte, daß sich die Nierenfunktion der Diabetikerinnen mit vorgeschädigten Nieren (deutliche Kreatininerhöhung und Bluthochdruck) **nach** einer Schwangerschaft schneller verschlechtert, als wenn sie nicht schwanger geworden wären. Das heißt, daß diese Diabetikerinnen wahrscheinlich durch eine Schwangerschaft eine Nierenersatztherapie (Dialyse) eher benötigen. Eindeutige Beweise gibt es für diese Annahme jedoch zur Zeit nicht. Mit großer Wahrscheinlichkeit hängt die Entwicklung der Nierenfunktion auch von der Blutdruckeinstellung während der Schwangerschaft ab.

## – Wann sollte eine Diabetikerin auf eine Schwangerschaft verzichten?

Am meisten gefährdet durch eine Schwangerschaft sind Diabetikerinnen, die bereits einen Herzinfarkt erlitten haben bzw. nachgewiesenermaßen verkalkte und verengte Herzkranzgefäße haben, Die Sterblichkeit dieser Frauen während der Schwangerschaft beträgt 70 bis 80 %!

Ihnen muß daher auch heute noch von einer Schwangerschaft abgeraten werden.

Ein sehr hohes Risiko besteht auch bei den Diabetikerinnen mit nachweislich verkalkten Becken/Beingefäßen.

Eine Diabetikerin mit Augenhintergrundveränderungen mit Gefäßneubildungen (proliferative Retinopathie) und/oder einer fortgeschrittenen Nierenfunktionsstörung sollte sich genau überlegen, ob sie die Risiken und die Verantwortung, die eine Schwangerschaft für sie selbst und ihr Kind mit sich bringen, auf sich nehmen kann und will.

Wenn ja, sollte die Schwangerschaft geplant sein und der $HbA_{1c}$-Wert und der Blutdruck von Anfang an im Normbereich liegen. Wöchentliche bis zweiwöchentliche Kontrolluntersuchungen helfen, Komplikationen frühzeitig zu erkennen.

***Nur selten muß heute einer Diabetikerin von einer Schwangerschaft abgeraten werden.***

# 3. Ich bin schwanger!

## – Mein Blutzucker ist nicht gut eingestellt – was tun?

Möchten Sie ein Kind, haben die Schwangerschaft aber nicht geplant und ist Ihr Blutzucker in den ersten Wochen der Schwangerschaft zu hoch gewesen, sollten Sie keine voreiligen Schlüsse ziehen. Wichtig ist, daß Sie jetzt so schnell wie möglich Ihren Blutzucker normalisieren und regelmäßig Kontrolluntersuchungen durchführen lassen.

## – Wie hoch sollte der Blutzucker während der Schwangerschaft sein?

Nüchtern und vor dem Essen sollte er zwischen 60 und 90 mg/dl, 2 Stunden nach dem Essen nicht über 120 (eineinhalb Stunden nach dem Essen nicht über 130) mg/dl liegen. Am Anfang der Schwangerschaft reicht nach neueren Daten ein mittlerer Blutzucker unter 140 mg/dl aus, um das Risiko von Fehlbildungen und Fehlgeburten nicht zu erhöhen. Um den mittleren Blutzucker zu bestimmen, müssen Sie 3 Blutzuckerwerte vor und 3 Werte 1 bis 1 1/2 Stunden nach den Mahlzeiten addieren und durch 6 teilen.

Der $HbA_{1c}$-Wert sollte während der gesamten Schwangerschaft im Normbereich liegen, im letzten Drittel besser im mittleren Normbereich und nicht an der oberen Grenze des Normbereiches. Befindet sich zum Beispiel der Normbereich Ihres Labors für den $HbA_{1c}$ zwischen 4 und 6 %, so sollten Sie gegen Ende der Schwangerschaft einen Wert von 5,0 bis 5,5 anstreben.

Je nach Bestimmungsmethode des Labors ist der Normbereich unterschiedlich. Fragen Sie Ihren Diabetesarzt/Ihre Diabtesärztin!

## – Wie erreiche ich diese gute Blutzuckereinstellung?

Sie sollten vor der Schwangerschaft oder spätestens bei Feststellung der Schwangerschaft an einer Schulung für Diabetiker/-innen teilgenommen haben, um Ihren Blutzucker selbst messen und die Insulindosis je nach Stoffwechsellage selbst anpassen zu können (siehe auch „Mein Buch über den Diabetes mellitus – Ausgabe für Diabetiker die Insulin spritzen" von V. Jörgens und M. Berger).

Um den Blutzucker in der Schwangerschaft normal einzustellen, reichen 2 oder 3 Insulinspritzen pro Tag im allgemeinen nicht aus. Die meisten schwangeren Diabetikerinnen messen ihren Blutzucker mindestens 4- bis 6mal am Tag (3mal vor dem Essen, 1- bis 3mal nach dem Essen) und spritzen ihr Insulin dementsprechend: kurz- und langwirksames Insulin morgens vor dem Frühstück, kurzwirksames Insulin vor dem Mittag- und Abendessen und langwirksames Insulin vor dem Schlafengehen.

**Beispiel:** eine schwangere Diabetikerin spritzt ein schnellwirkendes und ein Verzögerungsinsulin folgendermaßen über Tag verteilt:

| | schnell-wirkendes | Verzögerungs-insulin |
|---|---|---|
| vor dem Frühstück | 14 E | 15 E |
| vor dem Mittagessen | 10 E | |
| vor dem Abendessen | 8 E | |
| vor dem Schlafengehen | | 10 E |

Das Spritzen von Insulin nach einem solchen Schema nennt man **intensivierte Insulintherapie**.

Mit 4 Spritzen pro Tag werden in den meisten Fällen sehr gute Blutzuckerwerte erreicht. Manchmal können aber zusätzliche Dosen von schnellwirksamem Insulin sinnvoll sein.

Während Diabetiker/innen, die eine solche intensivierte Insulintherapie außerhalb einer Schwangerschaft durchführen häufig auf Zwischenmahlzeiten verzichten können, ist bei schwangeren Diabetikerinnen zur Erreichung einer stabilen, auch nach dem Essen normalen Blutzuckereinstellung, die Einnahme von Zwischenmahlzeiten fast immer erforderlich.

## Beispiele

### 1) **Ein häufiges Problem: der hohe Nüchtern-Blutzucker**

Viele schwangere Diabetikerinnen haben Probleme mit erhöhten Nüchtern-Blutzuckerwerten bei sonst guten Werten während des Tages. Dies ist dadurch zu erklären, daß die Wirkung des am Vorabend gespritzten Insulins in den frühen Morgenstunden abnimmt und durch die Schwangerschaftshormone noch zusätzlich abgeschwächt wird.

Falls Sie abends das schnellwirksame und das Verzögerungsinsulin zusammen vor dem Abendessen spritzen, besteht der erste Schritt zur Lösung dieses Problems darin, das Verzögerungsinsulin abends erst vor dem Schlafengehen (ca. 23 Uhr)

Datum 15.5. Arbeitstag ☐ Wochenende ☐ Urlaubstag ☐

| | | | | | | | | | | | | |
|---|---|---|---|---|---|---|---|---|---|---|---|---|
| Uhrzeit | 8⁰⁰ | | | 13⁰⁰ | | | 18⁰⁰ | | | 23⁰⁰ | | 3⁰⁰ |
| mg/dl mmol/l | | | | | | | | | | | | |
| 300 17 | | | | | | | | | | | | |
| 250 14 | | | | | | | | | | | | |
| 200 11 | 170 | | | | | | | | | | | |
| 150 8 | | | | | | | | | | | | |
| 100 5 | | | | 90 | | | 105 | | | 80 | | |
| 50 2 | | | | | | | | | | | | 60 |
| Urin-Aceton | | | | | | | | | | | | |
| BE/KHE | | 2+1 | | 3+1 | | | 3+1 | | | | | |
| Bolus-Insulin i.E. | 9 | | | 4 | | | 7 | | | | | |
| Basis-Insulin i.E. | 12 | | | | | | | | | 10 | | |
| | | | | | | | | | | | | |
| Hypo ϟ | | | | | | | | | | | | |

Tätigkeitsprotokoll/Bemerkungen hoher Nü BZ!

zu spritzen. Dadurch erreichen Sie einen höheren Insulinspiegel in den frühen Morgenstunden, und der Blutzucker kann nicht übermäßig ansteigen. Diese **„Zu-Bett-Geh-Spritze"** ist bei fast allen schwangeren Diabetikerinnen erforderlich. Gegebenenfalls müssen Sie bei einer solchen Änderung Ihrer Insulintherapie die Dosis des schnellwirkenden Insulins vor dem Abendessen erhöhen (siehe Beispiel 4).

Reicht das späte Spritzen des Verzögerungsinsulins nicht aus, um normale Nüchtern-Blutzuckerwerte zu erzielen, können Sie als nächstes versuchen, **die Dosis des Verzögerungsinsulins abends zu erhöhen**. Dabei müssen Sie auf jeden Fall nachts gegen 3 Uhr eine Blutzuckerkontrolle durchführen, da die Gefahr der Unterzuckerung nachts besteht.

In unserem Beispiel kommt es nachts zu einer Hypoglykämie, es werden 2 zusätzliche BE gegessen und am nächsten Mor-

Datum 16.5. Arbeitstag ☐ Wochenende ☐ Urlaubstag ☐

| Uhrzeit | 8⁰⁰ | 13⁰⁰ | 18⁰⁰ | 23⁰⁰ | 3⁰⁰ |
|---|---|---|---|---|---|
| mg/dl mmol/l (300 17, 250 14, 200 11, 150 8, 100 5, 50 2) | 180 | 100 | 90 | 80 | 40 |
| Urin-Aceton | | | | | |
| BE/KHE | 2 + 1 | 2 + 1 | 2 + 1 | | +1,5 |
| Bolus-Insulin i.E. | 9 | 3 | 5 | | |
| Basis-Insulin i.E. | 12 | | | 11 | |
| | | | | | |
| Hypo ϟ | | | | | |

Tätigkeitsprotokoll/Bemerkungen hoher Nü BZ
→ Basalinsulin abds erhöht
→ Hypo gegen 3⁰⁰ !

gen ist der Blutzucker wieder erhöht. Die Dosis des Verzögerungsinsulins kann eben nicht risikolos erhöht werden. Es ist einen Versuch wert, spät noch ca. 2 BE zu sich zu nehmen und gleichzeitig die Dosis des Verzögerungsinsulins zu erhöhen. Die Gefahr der Unterzuckerung nachts besteht dann kaum noch, die erhöhte Dosis des Verzögerungsinsulins kann in den frühen Morgenstunden wirksam werden. Nicht immer führt diese Strategie zum Ziel!

Eine andere Möglichkeit zur Lösung des Problems besteht darin, morgens **früher aufzustehen** und den zu dieser Zeit vermehrten Insulinbedarf mit **einigen Einheiten Altinsulin** auszugleichen, ohne zu essen. Sie sollten zunächst Ihre Blutzuckerwerte morgens 1 bis 2 Stunden früher als normalerweise bestimmen, in unserem Beispiel also um 7 und um 6 Uhr. Nehmen wir einmal an, der Blutzucker läge um 6 Uhr bei 80 mg% und um 7 Uhr bei 130 mg%. Da ein Blutzucker

Datum 17.5. Arbeitstag ☐ Wochenende ☐ Urlaubstag ☐

| Uhrzeit | $8^{00}$ | | $13^{00}$ | | | $18^{00}$ | | | $23^{00}$ | | | $3^{00}$ |
|---|---|---|---|---|---|---|---|---|---|---|---|---|
| mg/dl mmol/l<br>300 17<br>250 14<br>200 11<br>150 8<br>100 5<br>50 2 | 190 | | 90 | | | 90 | | | 70 | | | 60 |
| Urin-Aceton | | | | | | | | | | | | |
| BE/KHE | 2+1 | | 3 + 1 | | | 2 + 1 | | | | | | |
| Bolus-Insulin i.E. | 10 | | 4 | | | 5 | | | | | | |
| Basis-Insulin i.E. | 12 | | | | | | | | 10 | | | |
| | | | | | | | | | | | | |
| Hypo ϟ | | | | | | | | | | | | |

Tätigkeitsprotokoll/Bemerkungen BZ nüchtern wieder zu hoch!

Wahnsinn

morgens nüchtern von 130 mg% schon zu hoch ist, müßten Sie bereits gegen 6 Uhr 3 – 4 E eines schnellwirkamen Insulins spritzen. Sie könnten sich anschließend wieder hinlegen und um 8 Uhr – wie gewohnt – testen, spritzen und frühstücken.

Bedenken Sie dabei, daß dieses frühe Aufstehen und Insulinspritzen nur während der Schwangerschaft notwendig ist, um durch eine gute Blutzuckereinstellung Komplikationen in der Schwangerschaft zu vermeiden. Nach der Schwangerschaft werden Sie das Problem der hohen Blutzuckerwerte morgens wahrscheinlich nicht mehr haben.

Datum 18.5. Arbeitstag ☐ Wochenende ☐ Urlaubstag ☐

| | | | | | | | | | | | | |
|---|---|---|---|---|---|---|---|---|---|---|---|---|
| Uhrzeit | $6^{00}$ | $8^{00}$ | | $13^{00}$ | | | $18^{00}$ | | | $23^{00}$ | | |
| mg/dl mmol/l | | | | | | | | | | | | |
| 300 17 | | | | | | | | | | | | |
| 250 14 | | | | | | | | | | | | |
| 200 11 | | | | | | | | | | | | |
| 150 8 | | | | | | | | | | | | |
| 100 5 | 80 | 90 | | 100 | | | 70 | | | 70 | | |
| 50 2 | | | | | | | | | | | | |
| Urin-Aceton | | | | | | | | | | | | |
| BE/KHE | 1 | 2+1 | | 3+1 | | | 2+1 | | | | | |
| Bolus-Insulin i.E. | 3 | 6 | | 4 | | | 4 | | | | | |
| Basis-Insulin i.E. | | 12 | | | | | | | | 10 | | |
| | | | | | | | | | | | | |
| Hypo ϟ | | | | | | | | | | | | |

Tätigkeitsprotokoll/Bemerkungen $6^{00}$ aufstehen, Altinsulin spritzen ohne zu essen

## 2) **Das Problem des hohen Blutzuckers nach dem Frühstück**

Die Insulinwirkung ist nachweislich morgens und vormittags am schwächsten. So kann es sein, daß Ihr Blutzucker nach dem Frühstück sehr stark ansteigt, nach dem Mittag- bzw. Abendessen jedoch unter 130 mg% bleibt. Da erhöhte Blutzuckerwerte nach dem Essen die Wahrscheinlichkeit von Komplikationen erhöhen können, sollten Sie versuchen, dieses Problem zu lösen.

Dazu 3 Möglichkeiten:

Sie erhöhen die Dosis des schnellwirksamen Insulins morgens (Vorsicht vor Unterzuckerungen vor dem Mittagessen! Eventuell müssen Sie zur Zwischenmahlzeit 1 BE mehr essen.) **oder**

Datum 3.4. Arbeitstag ☐ Wochenende ☐ Urlaubstag ☐

| Uhrzeit | 7⁰⁰ | 8³⁰ | | 13⁰⁰ | 14³⁰ | | | 18³⁰ | | 20⁰⁰ | | 23⁰⁰ |
|---|---|---|---|---|---|---|---|---|---|---|---|---|
| mg/dl mmol/l (300 17, 250 14, 200 11, 150 8, 100 5, 50 2) | 80 | 180 | | 90 | 130 | | | 80 | | 120 | | 90 |
| Urin-Aceton | | | | | | | | | | | | |
| BE/KHE | 3 | 2 | | 4 | | 2 | | 3 | | 2 | | |
| Bolus-Insulin i. E. | 15 | | | 9 | | | | 12 | | | | |
| Basis-Insulin i. E. | 20 | | | | | | | | | | | 14 |
| Blutdruck | | | | | | | | | | | | |
| Hypo ϟ | | | | | | | | | | | | |

Tätigkeitsprotokoll/Bemerkungen Problem: hoher BZ vormittags bei unveränderter Insulindosis essen Sie morgens zum Frühstück eine BE weniger, dafür zur Zwischenmahlzeit gegen 9 Uhr eine BE mehr **oder**

Sie warten nach dem Spritzen eine halbe bis dreiviertel Stunde und fangen dann erst an, zu frühstücken (bei niedrigem Nüchtern-Blutzuckerwert von zum Beispiel 60 mg%, sollte der Abstand höchstens 15 bis 20 Minuten betragen).

**Bemerkung:** Bei der Mehrzahl der Diabetikerinnen ist in der Schwangerschaft ein Spritz-Eß-Abstand von ca. 30 Minuten erforderlich. Nach der Schwangerschaft können Sie wieder – wie gewohnt – direkt nach dem Spritzen essen.

Datum 4.4. Arbeitstag ☐ Wochenende ☐ Urlaubstag ☐

| Uhrzeit | 7⁰⁰ | 8³⁰ | | 13⁰⁰ | | 14³⁰ | | | 19⁰⁰ | 20³⁰ | | 23⁰⁰ |
|---|---|---|---|---|---|---|---|---|---|---|---|---|
| mg/dl mmol/l | | | | | | | | | | | | |
| 300 17 | | | | | | | | | | | | |
| 250 14 | | | | | | | | | | | | |
| 200 11 | | | | | | | | | | | | |
| 150 8 | | 130 | | | | 120 | | | | 130 | | |
| 100 5 | 80 | | | 70 | | | | | 90 | | | 80 |
| 50 2 | | | | | | | | | | | | |
| Urin-Aceton | | | | | | | | | | | | |
| BE/KHE | 2 | | 3 | 4 | | 2 | | | 3 | | 2 | |
| Bolus-Insulin i. E. | 15 | | | 9 | | | | 12 | | | | |
| Basis-Insulin i. E. | 20 | | | | | | | | | | | 14 |
| Blutdruck | | | | | | | | | | | | |
| Hypo ϟ | | | | | | | | | | | | |

Tätigkeitsprotokoll/Bemerkungen Lösung: Umverteilung der BE vormittags

## 3) Sehr beliebt: das späte Abendessen

Viele junge Menschen – so auch viele Diabetiker/innen – haben heute die Angewohnheit, abends erst relativ spät, gegen 20 Uhr oder noch später, zu essen. Die Wirkungen des schnellwirkenden Insulins von mittags und die des Verzögerungsinsulins von morgens reichen dann oft nicht aus, um den Blutzucker bis zum Abendessen im Normbereich zu halten. Meist ist ab 17 bis 18 Uhr mit steigenden Blutzuckerwerten zu rechnen.

Es gibt 2 Möglichkeiten, um dieses Problem zu lösen:

- **entweder** Sie spritzen zusätzlich nachmittags gegen 17 Uhr einige Einheiten eines schnellwirkenden Insulins
- **oder** Sie spritzen mittags vor dem Essen nicht nur das schnellwirkende, sondern zusätzlich noch wenige ca. 4 – 6 E eines Verzögerungsinsulins. hatte ich vor ohne Pumpe

Datum 10. 10. Arbeitstag ☐ Wochenende ☐ Urlaubstag ☐

| Uhrzeit | 7⁰⁰ | 8³⁰ | | 13⁰⁰ | | 14³⁰ | | 17⁰⁰ | | 20⁰⁰ | | |
|---|---|---|---|---|---|---|---|---|---|---|---|---|
| mg/dl mmol/l (300 17, 250 14, 200 11, 150 8, 100 5, 50 2) | 70 | 120 | | 90 | | 120 | | 90 | | (160) | | |
| Urin-Aceton | | | | | | | | | | | | |
| BE/KHE | 3 | | 2 | 4 | | 2 | | | | | | |
| Bolus-Insulin i. E. | 15 | | | 9 | | | | | | | | |
| Basis-Insulin i. E. | 22 | | | | | | | | | | | |
| Blutdruck | / | / | / | / | / | / | / | / | / | / | / | / |
| Hypo ϟ | | | | | | | | | | | | |

Tätigkeitsprotokoll/Bemerkungen Problem: hoher BZ vor dem späten Abendessen

Datum 11. 10. Arbeitstag ☐ Wochenende ☐ Urlaubstag ☐

| Uhrzeit | $7^{00}$ | $8^{30}$ | $13^{00}$ | $14^{30}$ | $17^{00}$ | $20^{00}$ |
|---|---|---|---|---|---|---|
| mg/dl (300 / 250 / 200 / 150 / 100 / 50) mmol/l (17 / 14 / 11 / 8 / 5 / 2) | 80 | 130 | 80 | 120 | 90 | 90 |
| Urin-Aceton | | | | | | |
| BE/KHE | 3 | 2 | 4 | 2 | 1 | |
| Bolus-Insulin i. E. | 15 | | 9 | | (3) | |
| Basis-Insulin i. E. | 22 | | | | | |
| Blutdruck | / | / | / | / | / | / |
| Hypo ϟ | | | | | | |

Tätigkeitsprotokoll/Bemerkungen 1. Lösung: 3 E Alt um $17^{00}$

Datum 12. 10. Arbeitstag ☐ Wochenende ☐ Urlaubstag ☐

| Uhrzeit | $7^{00}$ | $8^{30}$ | $13^{00}$ | $14^{30}$ | $17^{00}$ | $20^{00}$ |
|---|---|---|---|---|---|---|
| mg/dl (300 / 250 / 200 / 150 / 100 / 50) mmol/l (17 / 14 / 11 / 8 / 5 / 2) | 70 | 130 | 80 | 110 | 80 | 90 |
| Urin-Aceton | | | | | | |
| BE/KHE | 3 | 2 | 4 | 2 | | |
| Bolus-Insulin i. E. | 15 | | 9 | | | |
| Basis-Insulin i. E. | 22 | | (4) | | | |
| Blutdruck | / | / | / | / | / | / |
| Hypo ϟ | | | | | | |

Tätigkeitsprotokoll/Bemerkungen 2. Lösung: mittags zusätzlich Verzögerungsinsulin

## 4) **Der hohe Blutzucker vor dem Schlafengehen**

Haben Sie abends vor und nach dem Essen einen normalen Blutzucker, aber einen deutlich erhöhten vor dem Schlafengehen, können Sie folgendermaßen verfahren:

- Sie erhöhen die Dosis des schnellwirkenden Insulins vor dem Abendessen (Vorsicht vor Unterzuckerungen 2 Stunden nach dem Essen!);
- falls dies zu Unterzuckerungen führt, können Sie bei unveränderter Insulindosis die Zwischenmahlzeit ca. 2 Stunden nach dem Essen um 1 BE vermindern (da Sie in der Schwangerschaft nicht zu wenig essen sollten, erhöhen Sie bei dieser Lösung die Anzahl der BE zu einer anderen Tageszeit);
- eine weitere Möglichkeit besteht darin, zum Abendessen 1 BE mehr zu essen, die Insulindosis um 2 bis 3 E zu erhöhen, und zur Zwischenmahlzeit nach 2 Stunden 1 BE weniger zu essen.

Datum 8. 12. Arbeitstag ☐ Wochenende ☐ Urlaubstag ☐

| Uhrzeit | 7⁰⁰ | 8³⁰ | 13⁰⁰ | 14³⁰ | 18⁰⁰ | 18³⁰ | 23⁰⁰ |
|---|---|---|---|---|---|---|---|
| mg/dl mmol/l (300 17, 250 14, 200 11, 150 8, 100 5, 50 2) | 70 | 120 | 80 | 110 | 80 | 130 | (160) |
| Urin-Aceton | | | | | | | |
| BE/KHE | 3 | 2 | 4 | 2 | 3 | 2 | |
| Bolus-Insulin i. E. | 12 | | 8 | | 10 | | +2 |
| Basis-Insulin i. E. | 20 | | | | | | 14 |
| Blutdruck | / | / | / | / | / | / | / |
| Hypo ϟ | | | | | | | |

Tätigkeitsprotokoll/Bemerkungen: Problem: hoher BZ vor dem Schlafengehen

Datum 9. 12. Arbeitstag ☐ Wochenende ☐ Urlaubstag ☐

| Uhrzeit | 7⁰⁰ | 8³⁰ | 13⁰⁰ | 14³⁰ | 18⁰⁰ | 19³⁰ | 23⁰⁰ |
|---|---|---|---|---|---|---|---|
| mg/dl mmol/l | | | | | | | |
| 300 17 | | | | | | | |
| 250 14 | | | | | | | |
| 200 11 | | | | | | | |
| 150 8 | | 140 | | 120 | | 130 | |
| 100 5 | 80 | | 90 | | 80 | | 100 |
| 50 2 | | | | | | | |
| Urin-Aceton | | | | | | | |
| BE/KHE | 3 | 2 | 4 | 2 | 4 | 1 | |
| Bolus-Insulin i. E. | 12 | | 8 | | 13 | | |
| Basis-Insulin i. E. | 20 | | | | | | 14 |
| Blutdruck | / | / | / | / | / | / | / |
| Hypo ϟ | | | | | | | |

Tätigkeitsprotokoll/Bemerkungen Lösung: Umverteilung der BE und Erhöhung des Alt-insulins vor dem Abendessen

- Sollten Sie sehr früh abends essen, zum Beispiel gegen 17 Uhr, aber trotzdem erst gegen 23 Uhr das Verzögerungsinsulin für die Nacht spritzen, kann es ratsam sein, zusätzlich vor dem Abendessen einige Einheiten eines Verzögerungsinsulins zu applizieren, um die Zeit bis 23 Uhr zu überbrücken.

Dies waren einige Tips zur „Feinregulierung" des Blutzuckers. Sie sollten nicht zu häufig zusätzlich schnellwirksames Insulin spritzen. Dann besteht die Gefahr, daß Sie nicht mehr unterscheiden können, welche Insulindosis welchen Blutzucker beeinflußt hat.

**Als Voraussetzung für das Erreichen einer guten Stoffwechsellage gilt:**

**4- bis 6mal pro Tag Blutzucker-Selbstmessung**
**4- bis 6mal pro Tag Insulin spritzen**
**Insulindosisanpassung durch die schwangere Diabetikerin**

*Wenn Sie diese Voraussetzungen beachten und sich regelmäßig mit Ihrem Diabetesarzt/Ihrer Diabetesärztin beraten, ist das Ziel der normalen Blutzuckereinstellung so gut wie immer erreichbar.*

## – Insulinpumpe oder intensivierte Insulintherapie mit Spritzen?

Früher glaubte man, daß sich der Blutzucker mit Hilfe einer Insulinpumpe einfacher und besser einstellen läßt und hat daher den Schwangeren zum Tragen einer Insulinpumpe geraten. Inzwischen gibt es Untersuchungen, die zeigen, daß sich das Ziel der sehr guten Blutzuckereinstellung mit der intensivierten Insulintherapie genauso gut erreichen läßt wie mit der Insulinpumpe.

Die gute Blutzuckereinstellung ist also kein zwingender Grund, die Insulintherapie während der Schwangerschaft auf eine Insulinpumpe umzustellen.

Bei den Diabetikerinnen, die morgens früh eine zusätzliche Injektion von kurzwirksamen Insulin brauchen, um einen morgendlichen Blutzuckeranstieg zu verhindern, ist eine Insulinpumpentherapie mit einer programmierbaren, variablen Basalrate manchmal eine bequeme Alternative; das frühe Aufstehen entfällt. Eine Umstellung der Insulintherapie in der Schwangerschaft ist jedoch nicht unproblematisch, da sich die Schwangere mit den Besonderheiten der Insulinpumpentherapie überhaupt nicht auskennt. Sie müßte in der Schwangerschaft diese für sie neue Therapie erst einmal ausprobieren, was fast immer mit größeren Blutzuckerschwankungen einhergeht. Eine intensive Schulung, vor allem zur frühzeitigen Erkennung und Behandlung einer Ketoazidose (siehe unten) wäre bei einer solchen Therapieumstellung unerläßlich.

Tragen Sie schon vor der Schwangerschaft eine Insulinpumpe, so können Sie sie natürlich während der Schwangerschaft auch weiter benutzen.

Bei der Insulinpumpen-Behandlung während der Schwangerschaft sind folgende Punkte besonders zu beachten:

Häufiger als bei insulinspritzenden Diabetikerinnen kommt es zu Hautentzündungen an der Einstichstelle des Insulinpumpenkatheters.

Weiterhin besteht die Gefahr einer raschen Stoffwechselentgleisung (Ketoazidose), falls die Nadel unbemerkt aus der Haut herausrutscht oder der Katheter verstopft ist. Es wird dann kein Insulin mehr ins Unterhautfettgewebe abgegeben, innerhalb weniger (2 – 3) Stunden kann es auf Grund des Insulinmangels zur Entwicklung einer schweren Ketoazidose kommen. Eine Ketoazidose ist für die Mutter und speziell für das Kind eine sehr gefährliche Situation.

Aus diesen Gründen sollte mindestens einmal täglich der Kathether gewechselt und mindestens 6- bis 9mal pro Tag eine Blutzuckerkontrolle durchgeführt werden.

Gegen Ende der Schwangerschaft (wenn der Bauchumfang immer weiter zunimmt) wählen viele Diabetikerinnen die seitliche Bauchwand als günstigste Einstichstelle für den Insulinpumpenkatheter.

## Ist das neue Insulin Humalog® für mich geeignet?

Seit 1996 ist das künstliche Insulin Humalog® auf dem Markt. Seine Wirkung setzt noch schneller ein, als die der schnellwirksamen Humaninsuline und seine Wirkdauer ist deutlich kürzer. Daraus ergibt sich theoretisch der Vorteil, daß der Blutzuckeranstieg nach dem Essen viel geringer ausfällt und Unterzuckerungen 2 – 3 Stunden nach dem Spritzen seltener auftreten. Gerade für schwangere Diabetikerinnen wäre dieses Insulin daher von großem Interesse.

Da die Struktur dieses künstlichen Insulins nicht identisch ist mit dem des humanen Insulins und somit nicht als eine körpereigene Substanz anzusehen ist, muß es jedoch wie ein **neues Medikament** behandelt werden, dessen Langzeitfolgen man nicht kennt und dessen **Auswirkungen auf das ungeborene Kind ungewiß** sind. Von daher ist die Anwendung von Humalog® in der Schwangerschaft kontraindiziert (nicht angebracht) und sollte auch bei nicht schwangeren Diabetikerinnen nur dann durchgeführt werden, wenn diese eine verläßliche Methode der Empfängnisverhütung benutzen.

## – Unterzuckerungen – sind sie für mein Kind gefährlich?

Wenn Sie als schwangere Diabetikerin Ihren Blutzucker so gut einstellen, wie es für eine komplikationslose Schwangerschaft notwendig ist, ist die Gefahr von Unterzuckerungen natürlich größer als bei Ihrer bisherigen „normalen" Einstellung, bei der sicher auch Werte von 180 mg% oder mehr vorkamen.

Vor allem in der ersten Hälfte der Schwangerschaft sind Sie durch Hypoglykämien gefährdet (Vorsicht beim Autofahren!).

Da die **Gefahr der Unterzuckerung** größer ist, sollten Sie aus diesem Grund häufiger und auch nachts den Blutzucker messen – auch schon bei den geringsten Anzeichen eines niedrigen Blutzuckers. Immer und überall sollten Sie Traubenzucker bzw. schnell resorbierbare Kohlenhydrate bei sich haben. Ihre Angehörigen und Kollegen sollten Sie darüber informieren, daß Sie jetzt eher einmal unterzuckern könnten. Sie sollten ihnen sagen, welche typischen Veränderungen dann bei Ihnen eintreten und was sie in einem solchen Fall unternehmen sollten (hat Ihr Partner gelernt, Glukagon zu spritzen?!). Es ist sehr wichtig, daß Ihre Umgebung merkt, wann Sie unterzuckern, weil Ihnen dann vielleicht schneller geholfen werden kann.

So können Sie am besten vermeiden, daß sich schwere Unterzuckerungen mit Bewußtseinsverlust entwickeln.

Leichte Unterzuckerungen schaden weder Ihnen noch dem Kind. Die Unterzuckerungen mit Bewußtseinsveränderungen sind natürlich für Sie gefährlich. Nach allen bisher vorliegenden Untersuchungen am Menschen schaden auch diese schweren Unterzuckerungen der Mutter dem ungeborenen Kind nicht. Das Kind hat genügend Zuckerreserven, die es für seinen eigenen Bedarf in einer solchen Situation nutzen kann.

### Wie auf niedrige Blutzuckerwerte reagieren?

Normalerweise ist bei Nichtdiabetikerinnen der Blutzucker während der Schwangerschaft niedriger als vor und nach der Schwangerschaft, das heißt, niedrige Blutzuckerwerte in der Schwangerschaft sind völlig normal.

Es ist also nicht verwunderlich, wenn Sie einen Blutzucker von 50 bis 60 mg%, aber keine Zeichen der Unterzuckerung haben. In einem solchen Fall brauchen Sie keine zusätzlichen BE.

Liegt Ihr Blutzucker unter 50 mg%, sollten Sie – am besten in Form von Säften – 1 (bis 2) BE zusätzlich zu sich nehmen, auch wenn Sie keine Zeichen der Unterzuckerung verspüren. Bei einer Blutzuckerkontrolle nach ca. einer Stunde sehen Sie, ob der Blutzucker jetzt normal ist oder Sie weitere BE benötigen.

## – Gewichtszunahme während der Schwangerschaft

Das Körpergewicht steigt in der Schwangerschaft bei Ihnen als Diabetikerin genauso wie bei jeder Nicht-Diabetikerin im allgemeinen um insgesamt 10 bis 13 kg. In den ersten 3 Monaten tritt praktisch keine Gewichtsveränderung ein, im 2. Drittel nimmt das Gewicht um 4 bis 6 kg und im letzten Drittel noch einmal um ca. 6 bis 7 kg zu. Die Gewichtszunahme wird nicht nur durch das Kind, das Fruchtwasser, die Vergrößerung der Gebärmutter und die Plazenta (den Mutterkuchen) verursacht, sondern auch durch die Vergrößerung des Blutvolumens der

Mutter, die Größenzunahme der Brüste und die zusätzlichen Wasser- und Fetteinlagerungen.

Es ist wichtig, die Gewichtsveränderungen alle 2 Wochen zu kontrollieren. Sollte das Gewicht gar nicht oder übermäßig ansteigen, können zusätzliche Untersuchungen helfen, die Ursache zu finden (zum Beispiel könnte das Kind zu klein/zu groß, das Fruchtwasser zuwenig/zuviel sein).

Haben Sie **Übergewicht**, so können Sie vor oder nach der Schwangerschaft abnehmen – aber nicht in der Schwangerschaft. Ihr Kind würde darunter leiden. Sie sollten jedoch auch **nicht „für Zwei"** essen; je nach Größe und Gewicht liegt Ihr täglicher Kalorienbedarf zwischen 2000 und 2800 kcal pro Tag.

## – Was muß ich bei der Ernährung beachten?

Alles, was das ungeborene Baby braucht, bekommt es über den Blutkreislauf der Mutter. Im allgemeinen ernährt sich eine schwangere Frau automatisch so, daß ihr Kind genügend Aufbaustoffe erhält. Als schwangere – auch bezüglich der Diät geschulte – Diabetikerin können Sie Ihre Essensgewohnheiten ruhig weiter fortsetzen. Eine **ballaststoff- und kohlenhydratreiche Kost** gleichmäßig über den Tag verteilt, ist auch jetzt genau das Richtige für Sie.

Zusätzlich ist zu beachten:

- Der **Eiweißbedarf** ist in der Schwangerschaft erhöht. Bevorzugen Sie deshalb eiweißreiche Nahrungsmittel wie Fisch, Milch, Milchprodukte, Fleisch. (Wenn Sie eine Nierenschädigung haben, beraten Sie sich auch bezüglich der Ernährung mit Ihrem Diabetesarzt/-ärztin.)
- Mehr als sonst benötigen Sie in der Schwangerschaft **Eisen, Calcium und Vitamine.** Eisen und Calcium sind vor allem

in Käse, Milchprodukten, Fleisch, dunklen Brotsorten, in fast allen Gemüsearten und Eiern enthalten. Vitaminreich sind alle Gemüse- und Obstsorten. Nur in seltenen Fällen muß eine Schwangere diese Mineralstoffe als Tabletten zu sich nehmen.

In der Schwangerschaft verdünnt sich das Blut normalerweise. Wenn der Gehalt des roten Blutfarbstoffes (des Hämoglobins) unter 11 mg pro 100 ml Blut sinkt und der Hämatokrit (ein Wert, der den Anteil der roten Blutkörperchen angibt) unter 35 % liegt, ist die Einnahme von Eisentabletten zur Blutbildung notwendig.

Da Deutschland ein Jodmangelgebiet ist und in der Schwangerschaft ein erhöhter Bedarf an Jod besteht, wird allen Schwangeren die Einnahme von **Jodtabletten** empfohlen. Unterhalten Sie sich mit Ihren behandelnden Ärzten darüber.

- **Alkohol** sollten Sie in der Schwangerschaft meiden. Ein nur selten kurzzeitig erhöhter Alkoholspiegel schadet dem Kind wahrscheinlich nicht. Häufiger oder ständiger Alkoholkonsum kann jedoch viele Störungen hervorrufen: die Sterblichkeitsrate ist erhöht, die Kinder sind häufiger fehlgebildet und im Wachstum gestört. Nahezu jedes 2. Kind von alkoholkranken Frauen wird geschädigt geboren.

- Auch das **Rauchen** ist nachgewiesenermaßen nicht nur für Sie, sondern auch für Ihr Baby höchstgradig gefährlich. Über den Mutterkuchen (die Plazenta) gelangen Nikotin und Kohlenmonoxyd (Rauchgas) in den kindlichen Kreislauf; das heißt, wenn die Mutter eine Zigarette raucht, **raucht ihr Baby mit**! Die Kinder von rauchenden Schwangeren sind bei der Geburt zu leicht und zu klein, die Neugeborenensterblichkeit ist erhöht, auch wenn die Mutter nur einige Zigaretten pro Tag raucht.

**Übrigens:** eine Gefährdung für das Kind besteht auch, wenn zwar die Mutter Nichtraucherin ist, der Vater jedoch eine Zigarette nach der anderen raucht (passiv rauchende Mutter).

Wie Sie wissen, ist für Sie als Diabetikerin das Rauchen besonders ungesund. Vielleicht sehen Sie die Schwangerschaft als Gelegenheit an, sich jetzt endgültig das Rauchen ganz abzugewöhnen – für sich selbst und für Ihr Kind.

***Alkohol und Zigaretten sollten Sie – auch in Ihrem eigenen Interesse – meiden.***

# 4. Ihr Insulinbedarf ändert sich während der Schwangerschaft

## – Die Insulinempfindlichkeit wird durch Schwangerschaftshormone abgeschwächt

Sie als geschulte Diabetikerin wissen sicher, daß sich der Insulinbedarf zum Beispiel bei fieberhaften Erkrankungen, nach sportlicher Betätigung, nach Alkoholgenuß usw. ändert. Das heißt, es gibt Situationen, die den Insulinbedarf erhöhen (Sie müssen Ihre Insulindosis steigern) bzw. erniedrigen (Sie müssen die Insulindosis senken, um weiterhin gute Blutzuckerwerte zu erreichen).

In der Schwangerschaft ist folgendes zu beachten: **anfangs** ändert sich der Insulinbedarf meist nicht sehr; wenn, dann ist die Tendenz zu einem **geringeren Insulinbedarf** vorhanden. Es könnte sein, daß Sie in dieser Zeit zu Unterzuckerungen neigen (s. Kapitel 3, Seite 42) und Sie Ihre Insulindosis ent-

*Diabetes und Schwangerschaft*

**Mittlerer Insulinbedarf bei Diabetikerinnen während der Schwangerschaft und Geburt**

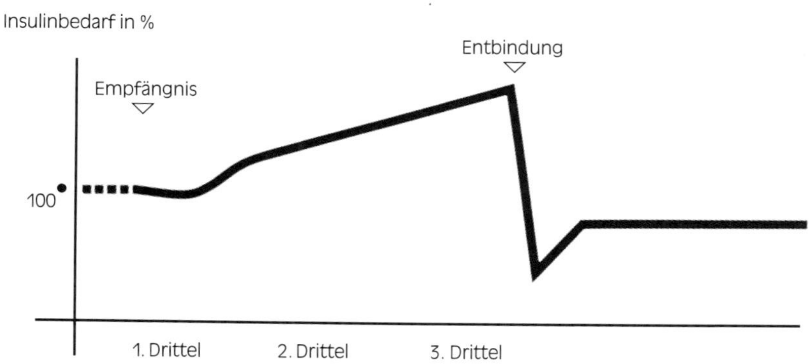


• vor der Schwangerschaft = 100 %

sprechend vorübergehend reduzieren müssen. Ab dem 2. Drittel der Schwangerschaft (16. bis 18. Schwangerschaftswoche) nimmt der Insulinbedarf bis zur Geburt stetig zu. Sie müssen immer mehr Insulin spritzen, um die Blutzuckerwerte im Normbereich zu halten.

Ursache für den steigenden Insulinbedarf ist die stetig zunehmende Bildung von Schwangerschaftshormonen in der Plazenta. Diese Hormone schwächen die Insulinwirkung ab. Immer mehr Insulin ist erforderlich, um eine Normoglykämie zu erzielen.

Es gibt Diabetikerinnen, deren Insulinbedarf sich bis zur Entbindung fast verdoppelt. Hat also zum Beispiel eine Diabetikerin vor der Schwangerschaft 45 E Insulin pro Tag gespritzt, kann es sein, daß sie kurz vor der Geburt ihres Kindes 70 bis 80 E Insulin täglich benötigt.

Dieser zusätzliche Insulinbedarf während der Schwangerschaft ist ganz normal und nicht etwa schädlich, wie gelegentlich vermutet wird.

Ca. 5 bis 10 Tage **vor** der Entbindung kommt es bei den meisten Diabetikerinnen zu einer geringen Abnahme des Insulinbedarfs. Direkt nach der Entbindung fällt der Insulinbedarf drastisch ab (s. Seite 53).

***Die Plazenta (der Mutterkuchen) bildet Schwangerschaftshormone, die das Wachstum der Gebärmutter und des sich entwikkelnden Kindes regulieren. Diese Hormone schwächen die Wirkung des Insulins ab und verursachen dadurch, daß der Insulinbedarf steigt.***

Sie sehen, daß es bei so unterschiedlichem Insulinbedarf in der Schwangerschaft für eine **kontinuierlich gute Blutzuckereinstellung** unbedingt notwendig ist, den Blutzucker täglich mehrmals zu messen und die Insulindosis anzupassen.

## – Was tun bei Schwangerschaftsübelkeit und -erbrechen?

Diabetikerinnen leiden nicht mehr oder weniger als andere Schwangere zu Beginn der Schwangerschaft unter morgendlicher Übelkeit und Erbrechen. Dagegen kann man leider nicht viel machen!

Einziger Trost ist, daß diese Übelkeit meist im 3. Schwangerschaftsmonat nachläßt.

Sollten Sie sich nach dem Frühstück übergeben müssen, ist die stündliche Überprüfung des Blutzuckers notwendig. Die Anzahl an BEs, die Ihnen durch das Erbrechen fehlen, müssen Sie dann zum Beispiel in Form von Saft oder Limonade zu sich nehmen, um einer Unterzuckerung vorzubeugen.

Haben Sie die Erfahrung gemacht, daß das Erbrechen fast regelmäßig nach dem Frühstück auftritt, können Sie folgendermaßen vorgehen: Sie spritzen vor dem Frühstück nur die halbe Dosis des schnellwirksamen und die normale Dosis des Verzögerungsinsulins. Haben Sie das Frühstück gut vertragen, spritzen Sie die andere Hälfte des schnell wirksamen Insulins nach. Bei dieser Möglichkeit riskieren Sie stark erhöhte Blutzuckerwerte nach dem Frühstück. **Oder**

Sie frühstücken erst später und spritzen morgens nur eine kleine Dosis des schnell wirksamen Insulins sowie das Verzögerungsinsulin. Wahrscheinlich haben Sie wegen der Übelkeit sowieso keinen Appetit und entscheiden sich für das späte Frühstück.

# 1. Möglichkeit:

NORMALE DOSIS DES
VERZÖGERUNGSINSULINS

\+

1/2 DOSIS DES
KURZWIRKSAMEN
INSULINS

FRÜHSTÜCK

KEIN ERBRECHEN:
SPRITZEN DER ANDEREN = 1/2 DOSIS
KURZWIRKSAMEN INSULINS

# 2. Möglichkeit:

NORMALE DOSIS DES
VERZÖGERUNGSINSULINS
+
1/4 DOSIS DES
KURZWIRKSAMEN INSULINS
**KEIN** FRÜHSTÜCK

NACH 2 STUNDEN
BESSERUNG:
SPRITZEN DER = 3/4 DOSIS KURZWIRKSAMEN
INSULINS UND FRÜHSTÜCK

## – Therapie mit wehenhemmenden Medikamenten/Cortison

Sollte es bei Ihnen gegen Ende der Schwangerschaft zu vorzeitig einsetzenden Wehen kommen, wird man Sie wahrscheinlich einige Tage in der Frauenklinik beobachten und Ihnen eventuell Medikamente geben.

Zunächst wird man wahrscheinlich eine Behandlung mit Magnesium einleiten. Von diesem Medikament sind kaum Nebenwirkungen bekannt, eine Beeinflussung des Zuckerstoffwechsels findet nicht statt. Sollte diese Behandlung nicht ausreichend wirken, wird Ihnen möglicherweise ein **wehenhemmendes Mittel** wie „Partusisten"® (Fenoterol) gegeben, das gleichzeitig eine Blutzuckererhöhung bewirkt. Wenn Sie mit diesem Medikament behandelt werden müssen, benötigen Sie mehr Insulin, um weiterhin gute Blutzuckerwerte zu erreichen. Fragen Sie Ihren Frauenarzt/Ihrer Frauenärztin, ob er (sie) Ihnen dieses Medikament verordnen will und besprechen Sie mit Ihrem Diabetesarzt/Ihrer Diabetesärztin die Insulindosiserhöhung.

Ist abzusehen, daß die Entbindung einige Wochen vor dem errechneten Termin stattfinden wird und befürchten die Frauenärzte, daß die Lunge Ihres Kindes noch nicht reif ist, kann es sein, daß man Ihnen ein Cortison-Präparat verordnet, um die Lungenreife zu beschleunigen.

Rechnen Sie auch in diesem Fall damit, daß Ihr Insulinbedarf drastisch steigt.

***Wehenhemmende Mittel und Cortison erhöhen den Blutzucker.***

## – Wie ändert sich Ihr Insulinbedarf während und nach der Geburt?

Ist die Geburt geplant – **Kaiserschnittentbindung** – müssen Sie nüchtern bleiben und sollten morgens nur 2/3 der normalen Insulindosis spritzen.

Beispiel:

Mo.: normale Insulindosis morgens vor dem Frühstück:
12/18 E (12 E schnell- und 18 E langwirksames Insulin).
Di.: geplante Entbindung, kein Frühstück.
Sie spritzen sich morgens 8/12 E Insulin.

Wird die **Geburt** mit Hilfe von Medikamenten **eingeleitet**, kann man nie genau vorhersagen, wann die Wehen eintreten. Sie sollten in einem solchen Fall weiter so spritzen und essen wie üblich. Erst wenn Sie eine stärkere Wehentätigkeit bemerken, sollten Sie das Verzögerungsinsulin um ein Drittel reduzieren.

Im Kreißsaal bzw. vor der Operation wird über einen Plastikschlauch in eine Ihrer Armvenen eine 5%- oder 10%ige Zuckerlösung, kontinuierlich einlaufen. Jetzt sind Blutzuckerkontrollen alle 1 – 2 Stunden notwendig. Sollten Sie dazu nicht in der Lage sein, übernimmt eine Schwester oder ein Arzt (oder Ihr Partner) das Blutzuckermessen für Sie. Die Geschwindigkeit der Zuckerinfusion wird so eingestellt, daß Ihr Blutzucker zwischen 80 und 120 mg% liegt. Falls notwendig, kann zusätzlich kurzwirksames Insulin unter die Haut gespritzt bzw. als Infusion in eine Vene gegeben werden.

Direkt nach der Geburt finden im mütterlichen Stoffwechsel große Veränderungen statt: die Bildung der Schwangerschaftshormone wird mit einem Schlag gestoppt. Das Insulin kann wieder besser wirken, der Insulinbedarf sinkt sofort ab. Häufig benötigt eine Diabetikerin direkt nach der Geburt noch weniger Insulin als vor der Schwangerschaft.

Der Insulinbedarf pendelt sich ca. nach einer Woche auf den Insulinbedarf ein, der vor der Schwangerschaft bestanden hat.

**Beispiel:**

Vor der Schwangerschaft bestand ein Insulinbedarf von 45 E Insulin pro Tag:

| morgens | mittags | abends |
|---|---|---|
| 10/14 | 6 | 5/10 |

Kurz vor der Entbindung waren zur guten Blutzuckereinstellung 78 E Insulin pro Tag notwendig:

| 6.00 | 7.00 | mittags | abends | 23.00 |
|---|---|---|---|---|
| 4 | 16/20 | 12 | 10 | 16 |

Am Morgen der Entbindung wurde 2/3 der Insulindosis vom Vortag gespritzt; die 4 E um 6 Uhr wurden beibehalten:

| 6.00 | 7.00 |
|---|---|
| 4 | 10/12 |

In den 2 Tagen nach der Geburt werden nur 38 E Insulin pro Tag benötigt:

| morgens | mittags | abends |
|---|---|---|
| 8/12 | 4 | 4/10 |

Nach einer Woche liegt der Insulinbedarf wieder bei 45 E pro Woche (wie vor der Schwangerschaft):

| morgens | mittags | abends |
|---|---|---|
| 10/14 | 6 | 5/10 |

Dies ist nur ein Beispiel. Der Insulinbedarf einer Schwangeren, die gerade entbunden hat, kann nie genau vorausgesagt werden. Wieviel/wie wenig Insulin **Sie** nach der Geburt benötigen, um einen normalen Blutzucker zu erreichen und vor allem eine Unterzuckerung zu vermeiden – das können nur **Sie** zusammen mit Ihrem Diabetesarzt/Ihrer Diabetesärztin durch häufige Blutzuckerselbstmessung feststellen.

Selbstverständlich können Sie Ihr Kind – wie jede andere Frau – auch **stillen**, wenn keine medizinischen Gründe dagegen sprechen. Das Stillen hat meistens keinen Einfluß auf Ihre Stoffwechsellage. Es gibt jedoch Diabetikerinnen, die von einem abnehmenden Insulinbedarf während des Stillens berichten. Sie müssen dann zusätzlich kohlenhydrathaltige Zwischenmahlzeiten einnehmen bzw. die Insulindosis reduzieren.

# 5. Organisatorischer Ablauf und Überwachung der Schwangerschaft einer Diabetikerin

Wenn Sie eine Schwangerschaft planen bzw. wenn Sie wissen, daß Sie schwanger sind, sollten Sie zusammen mit Ihrem betreuenden Diabetesarzt/Ihrer Diabetesärztin und Ihrem Frauenarzt/Ihrer Frauenärztin überlegen, wo die Entbindung stattfinden soll. Es hat sich in den letzten Jahren gezeigt, daß bei den schwangeren Diabetikerinnen, die sich in einem Zentrum betreuen ließen, in dem alle beteiligten Fachärzte im Umgang mit schwangeren Diabetikerinnen viel Erfahrung

hatten, am wenigsten Komplikationen auftraten. Zu diesen Fachärzten gehören neben dem Diabetesarzt/der Diabetesärztin und dem Geburtshelfer/der Geburtshelferin der Augenarzt/die Augenärztin und der Kinderarzt/die Kinderärztin. Wichtig ist, daß diese Ärzte zusammenarbeiten.

Sehen Sie sich die Klinik, in der Ihr Kind auf die Welt kommen soll, am Anfang der Schwangerschaft in Ruhe an und besprechen Sie mit den dort für Sie zuständigen Ärzten den weiteren Ablauf **Ihrer** Schwangerschaft.

### – Betreuung durch den Diabetesarzt/die Diabetesärztin

Informieren Sie Ihren Diabetesarzt/Ihre Diabetesärztin, wenn Sie eine Schwangerschaft planen beziehungsweise sobald Sie wissen, daß Sie schwanger sind. Er/Sie kann Ihnen dann die Besonderheiten einer Schwangerschaft bei Ihrer Stoffwechselstörung erklären und Sie über die notwendigen Schritte zur besonders guten Blutzuckereinstellung mit normalen $HbA_{1c}$-Werten beraten. Ein ambulantes Gespräch mit Ihrem Diabetesarzt/Ihrer Diabetesärztin ist am Anfang der Schwangerschaft bei guten $HbA_{1c}$-Werten alle 2 bis 4 Wochen empfehlenswert. Sie können dann mit ihm/ihr alle Probleme der Blutzuckereinstellung in Ruhe besprechen. Dazu bringen Sie bitte immer Ihr Diabetes-Tagebuch mit, in dem Sie Ihre Blutzuckerselbstkontrollwerte, die BE und die Insulindosis notiert haben. Auch Ihren Mutterpaß sollten Sie mitbringen; die Ärzte erhalten daraus wichtige Informationen über den Verlauf der Schwangerschaft.

***Am besten lassen Sie sich in einem Zentrum betreuen, in dem die Ärzte viel Erfahrung mit diabetischen Schwangeren haben.***

**Folgende Untersuchungen werden durchgeführt:**

- Ihr Körpergewicht wird gemessen
- Ihr Blutdruck wird bestimmt
- Ihr Körper wird auf Wassereinlagerungen im Gesicht, an Händen und Füßen untersucht
- alle 4 Wochen wird der $HbA_{1c}$-Wert bestimmt
- Ihr Urin wird auf Bakterien und den Eiweiß/Albumingehalt untersucht
- der Augenhintergrund wird alle 3 Monate untersucht

Im mittleren und letzten Drittel der Schwangerschaft sollten Sie sich alle 2 Wochen mit Ihrem Diabetesarzt/Ihrer Diabetesärztin besprechen. Haben Sie Probleme mit der Blutzuckereinstellung oder treten sonst irgendwelche Schwierigkeiten auf, melden Sie sich am besten sofort bei Ihrem Diabetesarzt/Ihrer Diabetesärztin.

Bei fortgeschrittenen Folgeschäden müssen Sie wahrscheinlich wöchentlich zur Besprechung kommen, um auftretende Komplikationen rechtzeitig zu bemerken und behandeln zu können. Eventuell werden dann noch weitere Untersuchungen durchgeführt. Besteht bei Ihnen ein hoher Blutdruck, so vergessen Sie bitte nicht, Ihr Blutdruck-Tagebuch mitzubringen.

## – Betreuung durch den Frauenarzt/die Frauenärztin

Von Beginn der Schwangerschaft an sollten Sie sich alle 2 – 4 Wochen von einem Frauenarzt/einer Frauenärztin untersuchen lassen. In dem von Ihnen gewählten Zentrum werden diese Ärzte viel Erfahrung in der Betreuung von schwangeren Diabetikerinnen haben. Bei weiter Entfernung zum Zentrum kann es eine sinnvolle Alternative sein, wenn Sie sich abwechselnd bei Ihrem niedergelassenen Frauenarzt/Ihrer Frauenärztin und im Zentrum vorstellen.

Je nach Verlauf können wöchentliche Untersuchungen ab der 32. Schwangerschaftswoche notwendig werden.

Zusätzlich zu der nach den Mutterschaftsrichtlinien vorgesehenen körperlichen Untersuchung wird der Frauenarzt auch technische Hilfsmittel benutzen, um den Verlauf der Schwangerschaft und den Zustand des Kindes zu beurteilen.

Die **Ultraschalluntersuchung** wird bei einer schwangeren Diabetikerin häufiger als bei nichtdiabetischen Schwangeren durchgeführt. Eine erste Ultraschalluntersuchung in der Frühschwangerschaft (8. – 12. Schwangerschaftswoche) gibt Aufschluß über das genaue Schwangerschaftsalter. Bei unregelmäßigem Menstruationszyklus kann dadurch die Unklarheit über den Geburtstermin ausgeräumt werden. Um die 20. Schwangerschaftswoche wird die Durchführung einer eingehenden Ultraschalluntersuchung empfohlen. Diese Untersuchung kann die Entwicklung der kindlichen Organe darstellen. Die weiteren Untersuchungen – in ca. 4wöchentlichem Abstand – informieren über das Wachstum des Kindes, die Menge des Fruchtwassers, die Lage und Reifung der Plazenta. Bei auffälligen Befunden werden diese Untersuchungen häufiger wiederholt. Die Ultraschalluntersuchung, die seit 15 Jahren routinemäßig in der Geburtshilfe eingesetzt wird, ist für das Kind ungefährlich.

Ab der 32. Schwangerschaftswoche werden mit Hilfe des sogenannten **Kardiotokographen** (CTG) die kindlichen Herztöne, die Wehen und die Kindsbewegungen aufgezeichnet. Diese Untersuchung wird zunächst 2mal pro Woche, ab der 35. Schwangerschaftswoche 3- bis 5mal wöchentlich und gegen Ende der Schwangerschaft (ab der 38. Schwangerschaftswoche) ein bis mehrfach täglich durchgeführt. Der Geburtshelfer/die Geburtshelferin kann aufgrund der Ergebnisse Informationen über das Wohlbefinden des Kindes erhalten.

Insbesondere dann, wenn ein hoher Blutdruck bei der Schwangeren besteht bzw. das Kind zu langsam wächst, wird heute häufig zusätzlich eine Ultraschalluntersuchung einiger kindlicher Gefäße (**Doppler-Sonographie**) durchgeführt. Der Blutfluß in diesen Gefäßen kann zur Abschätzung des kindlichen Risikos herangezogen werden.

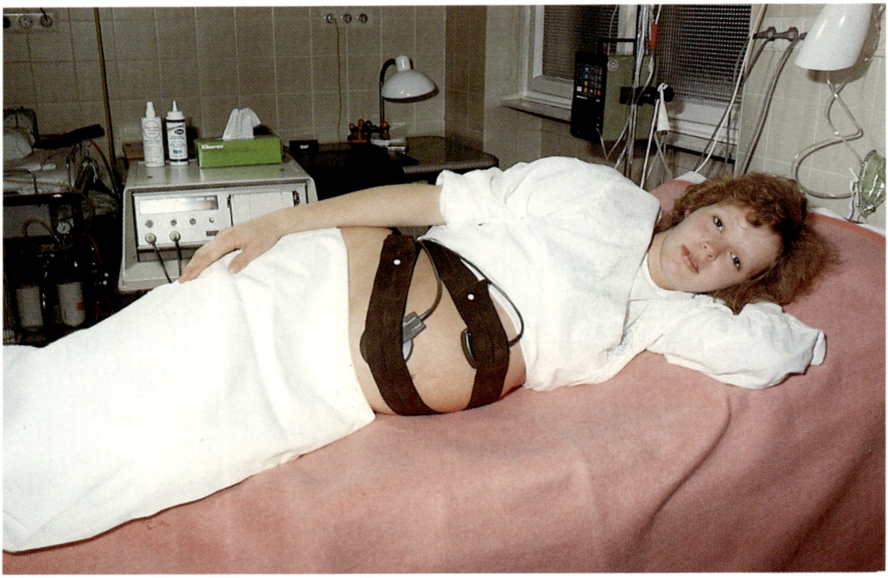

Im Krankenhaus kann in den letzten Wochen vor der Geburt zusätzlich 1mal wöchentlich ein **Wehenbelastungstest** (OST) durchgeführt werden. Eine sehr niedrige Dosis eines wehenauslösenden Medikamentes (Oxytocin) wird der Schwangeren in die Vene gespritzt. Während der danach auftretenden leichten Wehen werden die kindlichen Herztöne registriert. Der Geburtshelfer/die Geburtshelferin kann dann beurteilen, wie das Kind auf die Wehen reagiert.

In Einzelfällen kann es durch diese Untersuchung ungewollt zu verstärkten Wehen und dann folgender Geburt kommen. Wegen dieser Gefahr wird der Wehenbelastungstest nicht in allen Kliniken routinemäßig durchgeführt.

Treten während der Schwangerschaft keine Komplikationen auf, ist der Blutzucker optimal eingestellt und sind alle Kontrolluntersuchungen normal, so wird man die schwangere Diabetikerin erst am Termin bzw. bei Einsetzen der Wehen in die Klinik aufnehmen. Bestehen jedoch erhöhte Risiken für die Entbindung für Mutter oder Kind bzw. bei nicht optimaler Blutzuckereinstellung, erfolgt die stationäre Aufnahme 1 – 2 Wochen vor Termin.

In der Klinik werden täglich mehrfach Untersuchungen von Mutter und Kind (körperliche Untersuchung, Blutuntersuchung, CTG . . .) durchgeführt. Ihren Blutzucker sollten Sie weiter selbst messen, die Insulindosis bestimmen und beides in Ihr Diabetes-Tagebuch eintragen.

Der Blutzucker wird auch vom Labor der Klinik gemessen. Somit haben Sie eine Kontrolle der selbstgemessenen Werte. Bei Problemen mit der Blutzuckereinstellung kann Sie der Diabetesarzt/die Diabetesärztin weiterhin beraten.

Angestrebt wird eine **Entbindung zum errechneten Termin** und auf **natürlichem Weg**. Es gibt jedoch Situationen, in denen die Frauenärzte nicht bis zum Termin warten können und eine vorzeitige Schnittentbindung durchführen müssen; zum Beispiel, wenn sich Zeichen für eine Gefährdung des Kindes ergeben. Sollte das Kind zu groß sein oder eine ungünstige Lage in der Gebärmutter einnehmen, kann ebenfalls ein Kaiserschnitt notwendig sein. Die Entscheidung fällt vor oder manchmal auch erst während der Geburt.

In Deutschland werden bisher ca. 40 – 50 % aller Diabetikerinnen durch Kaiserschnitt entbunden. Wenn sich noch mehr

***Die Aufnahme in die Klinik erfolgt so spät wie möglich, aber so früh wie nötig.***

Diabetikerinnen von Anfang der Schwangerschaft an in einem Zentrum behandeln lassen, in dem alle beteiligten Ärzte viel Erfahrung mit diabetischen Schwangeren haben und es ihnen gelingt, ihren Blutzucker gut einzustellen, wird sich diese Zahl in den nächsten Jahren noch weiter senken lassen (bei nichtdiabetischen Schwangeren beträgt diese Rate 15 %).

Nach der Geburt bleiben Sie – falls keine weiteren Komplikationen auftreten – nur noch einige Tage in der Klinik (nach Kaiserschnittentbindung ca. 10 Tage).

## – Betreuung durch den Augenarzt/die Augenärztin

Auch wenn bei Ihnen vor der Schwangerschaft keine Veränderungen am Augenhintergrund bekannt waren, sollten Sie trotzdem während der Schwangerschaft dreimal – im 1., 2. und 3. Drittel – eine Augenuntersuchung durchführen lassen (dies kann eventuell auch Ihr Diabetesarzt/Ihre Diabetesärztin). Falls Veränderungen auftreten sollten, können sie frühzeitig behandelt werden.

Sind bereits Gefäßveränderungen an der Netzhaut bekannt, so sollte monatlich eine Kontrolluntersuchung erfolgen.

## – Betreuung durch den Kinderarzt/die Kinderärztin

Ganz wichtig bei der Entbindung einer Diabetikerin ist die Anwesenheit oder zumindest die Rufbereitschaft eines Kinderarztes/einer Kinderärztin, der (die) sich mit den möglichen Problemen von neugeborenen Kindern diabetischer Mütter gut auskennt. Er ist immer dann anwesend, wenn eine Kaiserschnittentbindung mehrere Wochen vor dem errechneten Termin notwendig wird und das Kind unreif geboren wird. Die Aufgabe des Kinderarztes/der Kinderärztin besteht in der sofortigen Untersuchung und eventuell Behandlung des Kindes. Atmung und Kreislauf werden überprüft, es erfolgt eine Blutabnahme zur sofortigen Bestimmung des Blutzuckers sowie des Gehaltes an roten Blutkörperchen. Eine Unterzuckerung – bei einem Neugeborenen spricht man erst ab einem Blutzucker unter 40 mg/dl von einer Hypoglykämie – wird durch Gabe einer Zuckerlösung behandelt. In manchen Zentren wird bei jedem Kind einer Diabetikerin vorbeugend eine Frühestfütterung mit einer Zuckerlösung durchgeführt. Idealerweise sollte der Blutzucker des Kindes zwischen 50 und 60 mg/dl liegen.

Meist werden – auch wenn keine Komplikationen auftreten – die neugeborenen Kinder noch 1 bis 2 Tage in der Kinderklinik beobachtet.

**Zeitplan** zur Überwachung einer (komplikationslosen) Schwangerschaft einer Diabetikerin ohne fortgeschrittene Spätschäden (SSW = Schwangerschaftswoche).

# Planung der Schwangerschaft

## HbA1c normal

| | 1. DRITTEL 1.—12. SSW | 2. DRITTEL 13.—28. SSW | 3. DRITTEL 29.—40. SSW |
|---|---|---|---|
| FRAUEN-ARZT | alle 2 Wochen | alle 2 Wochen | alle 2 Wochen |
| ULTRA-SCHALL | 1 x | monatlich | 4—2 wöchentlich |
| CTG | | | ab 32. Woche |
| DIABETES-ARZT | alle 2 bis 4 Wochen | alle 2 bis 4 Wochen | alle 2 bis 4 Wochen |
| HbA1c | alle 4 Wochen | alle 4 Wochen | alle 4 Wochen |
| AUGEN-ARZT | 1 x | 1 x | 1 x |
| | | | 38.—40. SSW: Aufnahme in die Entbindungsklinik |

# 6. Empfängnisverhütung

Wie Sie jetzt wissen, ist es zur **Vermeidung von Komplikationen** in der Schwangerschaft einer Diabetikerin notwendig, während der gesamten Schwangerschaft eine sehr gute Blutzuckereinstellung zu erreichen.

Zur optimalen Blutzuckereinstellung gerade in den ersten Wochen der Schwangerschaft ist es erforderlich, die **Schwangerschaft** so genau wie möglich **zu planen**, um bereits zum Zeitpunkt der Empfängnis normale $HbA_{1c}$-Werte zu haben.

Die Planung einer Schwangerschaft ist aber nur dann möglich, wenn Sie und Ihr Partner eine verträgliche und sichere Methode der Empfängnisverhütung anwenden. Nur dann ist das Risiko einer ungewollten Schwangerschaft gering zu halten.

Eine Verhütungsmethode, die 100 % sicher und 100 % verträglich ist, gibt es nicht. Unter Abwägung aller Vor- und Nachteile müssen Sie sich – zusammen mit ihrem Partner – für das „kleinere Übel" entscheiden. Folgende Gesichtspunkte spielen dabei eine wichtige Rolle:

1. die Methode muß zuverlässig sein (siehe Tabelle 1)
2. die Methode muß für beide Partner annehmbar sein
3. die Methode muß für Sie als Diabetikerin geeignet sein
4. die Nebenwirkungen sollten so gering Wie möglich sein

***Nur mit einer zuverlässigen und verträglichen Empfängnisverhütung können Sie Ihre Schwangerschaft planen.***

Auf den folgenden Seiten werden die verschiedenen Methoden kurz dargestellt und vor allem die für Sie als Diabetikerin wichtigen Punkte erläutert.

Probieren Sie ruhig verschiedene Verhütungsmethoden aus, um herauszufinden, wie Sie sich dabei fühlen.

### „Die Pille"

Die regelmäßige Einnahme der Pille ist eine sehr sichere und verbreitete Form der Empfängnisverhütung. Die Pille enthält Hormone, die bei regelmäßiger Einnahme zur Unterdrückung des monatlichen Eisprungs sowie zu einer Veränderung der Gebärmutterschleimhaut und des Gebärmutterschleims führen und so eine Schwangerschaft verhindern.

Die in der Pille enthaltenen Hormone leiten sich von den körpereigenen Hormonen Östrogen und Gestagen ab. In dem letzten Jahrzehnt hat man die Konzentration dieser Hormone in der Pille immer weiter herabgesenkt und festgestellt, daß trotzdem die schwangerschaftsverhütende Wirkung erhalten bleibt und die Häufigkeit von Nebenwirkungen geringer ist. Wenn Sie die Pille nehmen, sollten Sie darauf achten, daß es sich um eine **niedrig dosierte Pille** handelt, deren Östrogen-Anteil bei 20 – 35 µg liegt.

In den letzten Jahren sind neue Gestagenabkömmlinge (Gestoden, Desogestrel, Norgestimat) entwickelt worden, die gerade für die Diabetikerin günstig sein sollen, da sie angeblich den Zucker – und vor allem den Fettstoffwechsel weniger beeinflussen als die bis dahin verwandten Gestagene (wie Levonorgestrel oder Norethisteron). Das Risiko eines Herzinfarktes bzw. eines Hirnschlages soll dadurch vermindert werden. Diese günstige Eigenschaft ist jedoch nie bewiesen worden. Es hat sich sogar eher gezeigt, daß Nebenwirkungen, wie Gerinnselbildung in den Venen, durch diese neuen Gestagene häufiger auftreten. Aus diesem Grund sollten – vor allem jüngere – Frauen, denen erstmalig die Pille verschrieben wird, diese neuen Pillenpräparate (Pillen der 3. Generation) nicht erhalten (Empfehlung des Bundesinstitutes für Arzneimittel).

Die Pille ist zwar – abgesehen von der Sterilisation – die sicherste Empfängnisverhütungsmehode, hat dafür aber die meisten **Nebenwirkungen**. Die Häufigkeit dieser Nebenwirkungen hängt – wie bereits erwähnt – von der Konzentration und der Zusammensetzung der beiden Geschlechtshormone ab.

## Welche Nebenwirkungen können durch die längerfristige Einnahme der Pille auftreten?

- Neigung zu Gerinnselbildung in einem Gefäß, zum Beispiel in den Venen oder am Herzen (Gefahr von Beinvenenthrombosen bzw. Herzinfarkt)
- Entwicklung eines hohen Blutdrucks
- Beeinflussung des Stoffwechsels (Erhöhung des Blutzuckers und der Blutfette, Gewichtszunahme)
- Entwicklung bzw. Verstärkung von Migräne
- Zunahme von Infektionen im Genitalbereich
- Entwicklung von seelischen Störungen wie zum Beispiel depressiver Verstimmung.
- Entwicklung gutartiger Lebertumoren

Wegen dieser erheblichen möglichen Nebenwirkungen wird Frauen über 35 Jahren und Frauen, die rauchen, von der Pilleneinnahme abgeraten.

***Wenn Sie als Diabetikerin die Pille nehmen, lassen Sie sich regelmäßig untersuchen!***

Frauen, die bereits ein Gerinnsel hatten oder unter einem Bluthochdruck bzw. hohen Blutfetten leiden, darf die Pille nicht verschrieben werden.

Haben Sie als Diabetikerin bereits Folgekomplikationen und somit schon ein hohes Risiko für die Entwicklung von Gefäßschäden, bedeutet die Pilleneinnahme eine zusätzliche **Steigerung des Risikos**. Besteht bei Ihnen eine Nierenerkrankung und/oder ein hoher Blutdruck und/oder eine behandlungsbedürftige Augenhintergrundveränderung, dann sollten Sie die Pille grundsätzlich nicht anwenden.

Auch bei einer sehr schlechten Stoffwechseleinstellung kann die Pilleneinnahme zu einer erhöhten Rate an Gerinnselbildung führen.

Empfehlenswert ist die Pilleneinnahme für einige Jahre, wenn Sie noch jung sind, nicht rauchen und keine Folgekomplikationen haben. Sie sollten dann folgendes beachten :

- regelmäßig Blutdruck und Blutfette messen (lassen)
- auf vermehrte Anfälligkeit von Entzündungen im Genitalbereich achten
- häufiger und regelmäßig Blutzucker messen und gegebenenfalls – bei steigendem Insulinbedarf – die Insulindosis anpassen.

Die **Mini-Pille**, die nur das Geschlechtshormon Gestagen enthält, hat wahrscheinlich nicht so viele Nebenwirkungen wie die Pille, ist aber auch nicht so sicher. Die Mini-Pille muß jeden Tag um die gleiche Uhrzeit eingenommen werden, um noch zuverlässig zu wirken.

Eine Abweichung von 3 Stunden bedeutet schon, daß Sie sich nicht mehr auf die empfängnisverhütende Wirkung verlassen können. (Nimmt zum Beispiel eine Frau die Mini-Pille immer morgens um 7 Uhr, wacht am Sonntag aber erst um 10 Uhr auf, muß sie bis zur nächsten Periode zusätzlich andere empfängnisverhütende Mittel verwenden.)

Die häufigsten Nebenwirkungen sind Blutungsstörungen. Auf Grund der sehr häufig auftretenden Zwischenblutungen und der verminderten Zuverlässigkeit ist die „Mini-Pille" bei uns nicht sehr beliebt, wird jedoch im Ausland zum Teil sehr häufig verordnet.

**„Die Spirale"** (Intrauterinpessar = IUP)

Unter einem Intrauterinpessar versteht man ein in die Gebärmutterhöhle eingelegtes Plastikteilchen, das mit Kupferdraht umwickelt ist oder Hormone enthält. Der Schleim in der Gebärmutter und in den Eileitern wird so verändert, daß die Beweglichkeit der Spermien eingeschränkt wird und sie das zu befruchtende Ei nicht erreichen können. Außerdem bewirkt die Veränderung des Gebärmutterschleims, daß sich ein eventuell doch befruchtetes Ei nicht einnisten könnte.

Eins der **ersten** Intrauterinpessare, die anfangs nur aus Plastik bestanden, hatten die Form einer Spirale. Daher nennt man das Intrauterinpessar auch „Spirale".

Die heute gebräuchlichen erinnern eher an die Form eines Ankers, eines „T" oder einer Sieben:

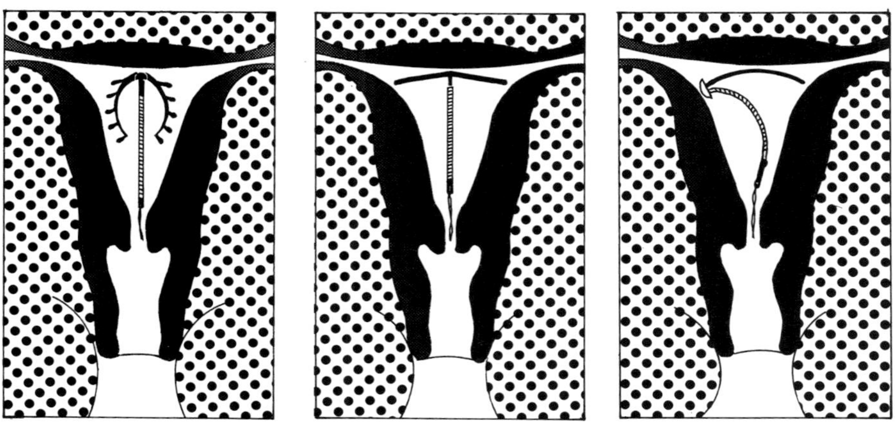

Derzeit werden fast nur noch **kupferhaltige** Spiralen dieser Formen benutzt. Man unterscheidet zwei verschiedene Größen. Mit Ultraschall kann der Frauenarzt/die Frauenärztin die Länge der Gebärmutter ausmessen und so die passende Größe bestimmen.

Moderne Spiralen sind bis zu 5 Jahren wirksam und können bei über 40jährigen Frauen bis zum Beginn der Wechseljahre belassen werden.

Der Vorteil der Spirale besteht darin, daß sie keinen Einfluß auf den Stoffwechsel, insbesondere auch nicht auf den Zuckerstoffwechsel, hat. Das Kupfer ist nicht schädlich.

## Welche Nebenwirkungen können auftreten?

In der Regel sind in den ersten Monaten nach Einsetzen der Spirale die **Monatsblutungen stärker**. Gelegentlich treten Zwischenblutungen auf. Nach einigen Monaten nehmen diese Nebenwirkungen ab.

Bisher galt die Meinung, daß die Intrauterinpessare zu einer erhöhten Rate an Infektionen der inneren Geschlechtsorgane führen können. Neuere Untersuchungen zeigen jedoch, daß das Infektionsrisiko (mit der Gefahr der eventuellen Unfruchtbarkeit) bei Frauen, die eine kupferhaltige Spirale benutzen, **nicht** erhöht ist.

Wenn die Fäden, die an der Spirale befestigt sind, aus dem Gebärmutterhals herausragen, kann es zu vermehrtem Ausfluß kommen. Gleichzeitig können diese Fäden als günstige Eintrittspforte für Bakterien dienen. Vereinzelt wird berichtet, daß sich der Partner durch die Fäden verletzen kann. Daher schneiden heute viele Frauenärzte/Frauenärztinnen diese Fäden ab. Falls gewünscht, kann die Spirale mit Hilfe eines Ultraschallgerätes im allgemeinen problemlos entfernt werden – auch wenn die Fäden nicht in die Scheide ragen.

Die Diabetikerin, die sich für eine Spirale entscheidet, sollte sich vorher erkundigen, welcher Frauenarzt/welche Frauenärztin auf diesem Gebiet eine langjährige Erfahrung besitzt. Die Benutzung eines kupferhaltigen Intrauterinpessars ist dann eine für Sie geeignete und sichere Methode der Empfängnisverhütung mit nur wenigen Komplikationen.

## **Das „Diaphragma"** (Scheidenpessar)

Das Diaphragma ist eine elastische Gummikappe, die von der Frau selbständig vor dem Geschlechtsverkehr in die Scheide vor den Muttermund eingeführt wird.

Das Diaphragma muß anfangs vom Frauenarzt/von der Frauenärztin angepaßt werden, damit die Kappe den Gebärmutterhals auch vollständig und dicht umschließt und so den Spermien das Eindringen in die Gebärmutter unmöglich macht. Die Entfernung des Diaphragmas sollte frühestens 8 bis 12 Stun-

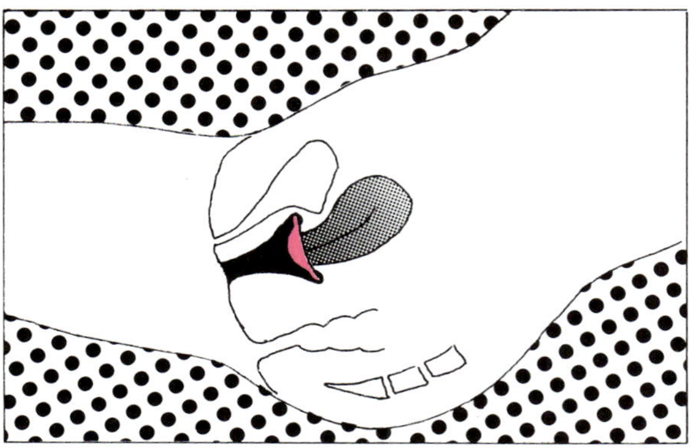

Abbildung: Diaphragma und deren Sitz in der Scheide

den nach dem Geschlechtsverkehr erfolgen. Das Diaphragma wird von der Frau und dem Mann im allgemeinen nicht gespürt.

Bei richtiger Handhabung – die zeigt Ihnen Ihr Frauenarzt/Ihre Frauenärztin – und in Kombination mit einem spermientötenden Gel oder Creme ist dies ebenfalls eine zuverlässige Methode der Empfängnisverhütung. In größeren Untersuchungen, bei denen man kontrolliert hatte, ob die Frauen das Diaphragma korrekt verwenden, entsprach die Sicherheit dieser Methode der der Spirale.

Der große Vorteil besteht darin, daß keinerlei Nebenwirkungen auftreten. Die notwendigen Manipulationen an sich selbst vor dem Geschlechtsverkehr werden jedoch von einigen Frauen bzw. Paaren als unangenehm empfunden.

Für Diabetikerinnen ist diese Methode empfehlenswert, weil sie bei korrekter Anwendung sicher ist und keine Nebenwirkungen hat.

### **Das „Kondom"** (Präservativ)

Bekannter und verbreiteter als das Diaphragma ist das Kondom, das den Kontakt des Samens mit der Scheide verhindert. Bei korrekter Handhabung und gleichzeitigem Gebrauch von spermientötendem Gel ist die Zuverlässigkeit ebenfalls relativ hoch.

***Die korrekte Handhabung ist Voraussetzung für die Sicherheit von Diaphragma und Kondom.***

Der Vorteil besteht zum einen darin, daß keinerlei organische Nebenwirkungen auftreten können und zum anderen bietet das Kondom Schutz vor allen Geschlechtskrankheiten und vor der Übertragung von Aids-Viren.

Der Nachteil besteht darin, daß die Empfindung herabgesetzt sein kann. Je nach Qualität kann ein Kondom auch zerreißen!

## Natürliche Familienplanung

Die natürliche Familienplanung basiert auf der Errechnung der fruchtbaren (und unfruchtbaren) Tage durch

- Berechnung nach Knaus-Ogino (Kalendermethode)
- Beurteilung des Gebärmutterschleims
- regelmäßige Messung und Beurteilung der Körpertemperatur

Diese Methoden versuchen, den Zeitpunkt des Eisprungs und damit der fruchtbaren Tage durch Errechnung der Zyklusmitte oder durch die spezifischen Veränderungen des Körpers zu diesem Zeitpunkt zu ermitteln. An diesen errechneten Tagen darf – wenn eine Empfängnis verhindert werden soll – kein Geschlechtsverkehr stattfinden.

Der Vorteil dieser Methode liegt darin, daß keinerlei mechanische, chemische oder hormonelle Mittel benötigt werden. (Daher spricht man auch von der natürlichen Methode.)

Die **Versagerquote** ist jedoch vergleichsweise **sehr hoch**.

Die Kalendermethode nach Knaus-Ogino läßt sich bei Frauen, die einen unregelmäßigen Zyklus haben, praktisch nicht anwenden. Die Beurteilbarkeit der „Spinnbarkeit“ des Gebärmutter-schleims setzt ein gewisses Maß an Erfahrung und Selbstbeobachtung voraus. Die Temperaturmethode läßt sich bei einer Schlafdauer von weniger als 6 Stunden oder bei Entzündungen/Erkältungen mit Fieber nicht mehr anwenden.

Eine ausführliche Beschreibung dieser Methoden lesen Sie bitte in den entsprechenden Broschüren nach. Falls Sie eine dieser Methoden anwenden möchten, ist es ratsam, sich vorher eingehend über die Grenzen und Möglichkeiten zu informieren.

Einer Diabetikerin ist von der alleinigen Anwendung einer Rhythmusmethode als empfängnisverhütenden Maßnahme wegen ihrer zu großen Unzuverlässigkeit abzuraten.

Zur frühestmöglichen Feststellung einer Schwangerschaft ist die Temperaturmethode gut geeignet: sinkt die Temperatur am Ende des Menstruationszyklus nicht ab, ist eine Schwangerschaft möglich. Viele Frauenärzte empfehlen allen Diabetikerinnen im gebärfähigen Alter und natürlich denen, die eine Schwangerschaft planen, die tägliche Temperaturmessung.

***Rhythmusmethoden sind für Diabetikerinnen wenig geeignet.***

## „Sterilisation"

Unter einer Sterilisation einer Frau versteht man die operative Unterbindung und Durchtrennung beider Eileiter. Dadurch können die Eizellen nicht in die Gebärmutter wandern, die Vereinigung von Samenzelle und Eizelle wird verhindert.

Die Sterilisationsoperation ist die sicherste Methode der Empfängnisverhütung, aber auch ein endgültiger Schritt. (Nur in Ausnahmefällen ist unter mikrochirurgischen Operationsbedingungen eine Wiedereröffnung der Eileiter möglich.) Die Eileiterunterbrechung ist daher besonders für die ältere Diabetikerin mit fortgeschrittenen Folgeschäden, die sicher keine

Kinder mehr haben will, geeignet. In jedem Fall sollte sie sich vorher eingehend beraten lassen und dann in ihrem Entschluß ganz sicher sein.

Die Sterilisation des Mannes ist wesentlich einfacher als die der Frau durchzuführen:

In lokaler Betäubung werden die oberflächlich liegenden Samenleiter durchtrennt, die Spermien können nicht mehr abgegeben werden. Bei dieser Operation muß die Bauchhöhle nicht eröffnet werden. Nach ein paar Stunden kann der Mann nach Hause gehen.

In einer stabilen Partnerschaft ist die Sterilisation des Mannes eine sichere Methode der Empfängnisverhütung.

***Die Sterilisation ist etwas Endgültiges.***

**Beispiele:**

1. Eine 28jährige Diabetikerin hat einen festen Freund. Wegen einer Augenhintergrundveränderung wurde bereits eine Laserung durchgeführt. Zu Empfängnisverhütung könnte sie eine Spirale oder ein Diaphragma benutzen.

2. Eine 18jährige Diabetikerin ohne Folgeschäden hat einen neuen Freund. Ihr bzw. Ihrem Partner könnte man die Benutzung eines Kondoms empfehlen (vor allem wenn sie ihren neuen Freund noch nicht so gut kennt – das Kondom schützt vor AIDS). Möchte sie dann die Pille nehmen, könnte man ihr für einige Jahre eine niedrig dosierte Pille empfehlen.

3. Eine 25jährige Diabetikerin ohne Folgeschäden hat keinen festen Freund. Bei Bedarf kann ein Diaphragma und/oder Kondom benutzt werden.

4. Eine 35jährige Diabetikerin mit einer fortgeschrittenen Nephropathie ist verheiratet und hat bereits 2 gesunde Kinder. Das Risiko einer weiteren Schwangerschaft ist ihr viel zu groß. In diesem Fall ist eine Spirale empfehlenswert. Zu überlegen ist auch eine Sterilisation (von ihr bzw. ihrem Ehemann).

| Tabelle 1: Sicherheit einiger Verhütungsmethoden bei korrekter Anwendung | |
|---|---|
| Methode | Anzahl von ungewollten Schwangerschaften pro 100 Frauen pro Jahr |
| keine | 115 |
| Pille | 0,1 bis 0,4 |
| Mini-Pille | 2 bis 3 |
| Spirale | 0,5 bis 3,5 |
| Diaphragma | 2 bis 7 |
| Kondom | 3,5 bis 7 |
| natürl. Familienplanung | 10 bis 23 |
| Scheidenzäpfchen allein | 10 bis 36 |
| Sterilisation | 0,02 |

Die Tabelle enthält Angaben über die Sicherheit von Verhütungsmitteln.

**Zum Beispiel:**

Von 100 Frauen, die jeweils 1 Jahr lang das Diaphragma benutzen, werden 2 bis 7 trotzdem schwanger. Von 1000 Frauen, die ein Jahr lang die Pille genommen haben, werden 1 bis 4 ungewollt schwanger.

## 7. Weitere immer wiederkehrende Fragen

### – Muß ein Harnwegsinfekt behandelt werden?

Wenn ein länger bestehender Harnwegsinfekt nicht behandelt wird, kann es zu einer Nierenbeckenentzündung kommen. Deswegen sollte ein Harnwegsinfekt, der bei guter Blutzuckereinstellung länger als 5 Tage nachweisbar ist, mit Medikamenten behandelt werden. Zur Auswahl eines geeigneten Medikamentes wird eine Urinprobe im Labor untersucht. Dort kann festgestellt werden, welche Bakterien für den Harnwegsinfekt verantwortlich sind und mit welchem Medikament diese Bakterien bekämpft Werden können. Unter den Medikamenten sind natürlich nur solche auszuwählen, die in der Schwangerschaft ohne Gefahr für das Kind gegeben werden können.

In den meisten Fällen wird Ihnen der Arzt ein Penicillin-Präparat verschreiben, das Sie dann ca. 7 Tage lang nehmen sollten.

### – Wann Harnzucker, wann Aceton im Urin messen?

Als schwangere Diabetikerin streben Sie eine sehr gute Blutzuckereinstellung mit Werten zwischen 60 und 120 mg% an. Da erst bei einem Blutzucker von mehr als ca. 180 mg% – in der Schwangerschaft liegt die Grenze etwas niedriger – Zucker mit dem Urin ausgeschieden wird, ist das Harnzuckermessen für Sie viel zu ungenau und daher **nicht sinnvoll.**

Falls Ihre Blutzuckerwerte zu hoch sind und über 250 mg% liegen, sollten Sie – unabhängig davon, ob Sie schwanger sind oder nicht – **Aceton** im Urin messen. Ist Aceton positiv, liegt eine Entgleisung Ihrer Stoffwechsellage vor: Sie brauchen sofort Normalinsulin!

Aceton kann auch im Urin nachweisbar sein, wenn Sie längere Zeit (zum Beispiel abends und nachts) keine Kohlenhydrate mehr gegessen haben; der Blutzucker ist dann normal bzw. niedrig. In der Schwangerschaft kommt es noch eher als sonst zur Bildung dieses sogenannten „Hunger-Acetons". Es schadet mit großer Wahrscheinlichkeit dem ungeborenen Kind nicht. Günstig ist aber in jedem Fall, in der Schwangerschaft vor dem Schlafengehen noch ca. 1 BE langwirksamer Kohlenhydrate zu sich zu nehmen.

## – Bin ich eine Schwangerschaftsdiabetikerin?

Unter einem Schwangerschaftsdiabetes – viele sagen auch Gestationsdiabetes – versteht man die Entwicklung eines Diabetes in der Schwangerschaft, der nach der Entbindung in den meisten Fällen nicht mehr nachweisbar ist.

Wurde bei Ihnen der Diabetes schon vor der Schwangerschaft festgestellt, sind Sie somit keine Schwangerschaftsdiabetikerin.

Die Schwangerschaftsdiabetikerinnen, die häufig schon etwas älter und übergewichtig sind, produzieren noch eigenes Insulin, aber nicht ausreichend für die erhöhten Bedürfnisse in der Schwangerschaft. Meist wird die Diagnose in der 2. Hälfte der Schwangerschaft gestellt, wenn die Konzentration der Schwangerschaftshormone sehr stark ansteigt.

Auch für die Schwangerschaftsdiabetikerin gilt das Ziel, normale Blutzuckerwerte zu erreichen, da sonst die Komplikationen in der Schwangerschaft für sie selbst und ihr Kind erhöht sind. Es handelt sich hierbei um dieselben Komplikationen, die in der Schwangerschaft einer Typ-1-Diabetikerin auftreten können. In vielen Fällen ist eine Behandlung mit einer ausgewogenen Ernährung ausreichend, wobei auf „Süßes" – alle schnell resorbierbaren Kohlenhydrate – verzichtet werden muß. Liegen die Blutzuckerwerte dennoch zu hoch, ist die Einleitung einer Insulintherapie erforderlich.

## – Was bedeuten geschwollene Füße?

Geschwollene Füße in der Schwangerschaft zeigen eine Wassereinlagerung ins Gewebe an. Dies ist in der Schwangerschaft normal und harmlos und kann bei allen auch nichtdiabetischen Schwangeren auftreten.

Haben Sie jedoch eine Nierenschädigung mit vermehrter Eiweißausscheidung im Urin und/oder Bluthochdruck, informieren Sie Ihren Diabetesarzt/Ihre Diabetesärztin über Ihre Beobachtung. Der Eiweißgehalt im Blut und im Urin sowie der Blutdruck müssen dann regelmäßig kontrolliert werden.

## – Sollte ich eine Fruchtwasserpunktion durchführen lassen?

Durch eine Untersuchung des Fruchtwassers können einige angeborenen Erkrankungen wie z. B. das Down-Syndrom (Mongolismus), das durch eine Veränderung der Chromosomen entsteht, oder Erkrankungen des Rückenmarks diagnostiziert werden. Da die Häufigkeit dieser Erkrankungen mit dem Alter der Mutter ansteigt, empfiehlt man heute allen Schwangeren über 35 Jahren, eine solche Untersuchung durchführen zu lassen.

Für Sie als Diabetikerin gibt es keine speziellen Gesichtspunkte. Die bei Kindern diabetischer Mütter durch zu hohe Blutzuckerwerte eventuell auftretenden Mißbildungen können durch eine Fruchtwasseruntersuchung meist nicht diagnostiziert werden.

## – Die Geburt – sanft, alternativ, apparativ?

Wenn Sie sich über die verschiedenen Möglichkeiten der Geburt informieren, werden Ihnen die Begriffe „sanft", „alternativ", „natürlich", . . . immer wieder begegnen. Gemeint ist damit, das Kind seine Geburt möglichst schonend erleben zu lassen. Dazu gehören eine häusliche Umgebung, abgedunkeltes Licht, die Anwesenheit des Vaters, der frühe Hautkontakt mit der Mutter sowie das frühe Anlegen an die Brust, um nur einige Aspekte zu nennen. Sicherlich kann dadurch das Erleben der Geburt für Eltern und Kind angenehmer und vielleicht auch intensiver gestaltet werden.

Sie wissen, daß Ihre Schwangerschaft als Risikoschwangerschaft gilt. Sie haben ein Recht auf optimale ärztliche Versorgung. Dies ist prinzipiell jedoch nur in einer Klinik möglich, wo während der Geburt laufend die Herztöne Ihres Kindes kontrolliert werden können und bei eventuell auftretenden Komplikationen schnell gehandelt werden könnte. Die entsprechenden Apparate dienen also der Gesundheit Ihres Kindes.

Heutzutage ist es fast in jeder Klinik möglich, daß der Vater bei der Geburt seines Kindes anwesend ist. Informieren Sie sich über die weiteren Möglichkeiten der Gestaltung Ihrer Entbindung in Ihrem Krankenhaus.

## Schmerzstillung bei der Geburt – ja oder nein –?

Die Beantwortung dieser Frage hängt von Ihrer Einstellung und von Ihren Wünschen ab. Möchten Sie eine schmerzlose Geburt oder möchten Sie lieber unter Verzicht auf Medikamente die Geburt erleben?

In den geburtsvorbereitenden Kursen lernen Sie Methoden, z. B. bestimmte Körperhaltungen oder Atemtechniken, die Ihre Angst und damit Ihre Schmerzen während der Geburt reduzieren können. Eine vollständige Schmerzfreiheit kann auch bei Anwendung dieser Techniken nicht erreicht werden.

Die Medikamente zur Schmerzstillung haben keinen Einfluß auf den Zuckerstoffwechsel. Es gibt daher für Sie als Diabetikerin keine speziellen Gesichtspunkte.